Mikrocontroller am Smartphone

- Cheepit Sparrow -

Burkhard Kainka und Thomas Baum

ISBN: 1508733686
ISBN-13: 978-1508733683

VORWORT

Die Idee begeistert: Die Soundkarte als ISP-Programmer verwenden! Jeder Kopfhörerausgang kann verwendet werden, egal ob am PC, am Smartphone oder am Tablet. Kein Bootloader, kein Programmer, einfach nur das Stereosignal an den Controller legen. Für die ersten Versuche kann man den ATtiny13 über zwei Kondensatoren direkt anschließen und Reset über eine Taste betätigen. Das funktioniert tatsächlich! Allerdings war diese einfachste Variante noch zu kniffelig und nicht sicher genug. Also wurde das Programmier-Interface in mehreren Stufen weiter entwickelt.

Inzwischen ist die Entwicklung zu einem Abschluss gekommen. Das Ergebnis ist eine kleine Platine mit nur 18 mm x 38 mm, mit dem ATtiny13, zwei LEDs, zwei Tastern, der zusätzlichen Elektronik zum Programmieren und allen erforderlichen Anschlüssen. Und auch die Software wurde weiter entwickelt. Jetzt funktioniert die Übertragung an allen Geräten und mehreren Browsern problemlos. Besonders wichtig war uns die fehlerfreie Funktion an allen mobilen Geräten. Denn da liegt der eigentliche Sinn: Auch mit mobilen Geräten kann man nun einen Mikrocontroller programmieren!

Dieses Buch soll einen Überblick vermitteln. Im Kern geht es dabei um die typischen Anwendungen. Aber auch die Entwicklung eigener Programme kommt nicht zu kurz. Ein abschließendes Kapitel zeigt die Entwicklung des Geräts in allen ihren Phasen. Einige Zwischenschritte sind besonders für den Eigenbau interessant und zeigen Wege zum eigenen Sparrow. Wir wünschen viel Spaß beim Lesen und viele kreative Ideen!

Burkhard Kainka und Thomas Baum

INHALT

1 Die ersten Schritte mit dem Sparrow

Cheepit ist ein System zur Programmierung von Mikrocontrollern über den Soundausgang von mobilen Endgeräten. Der linke und der rechte Kanal am Kopfhörerausgang dienen als Daten- und Taktleitung zur ISP-Programmierung. Damit ist es möglich, Mikrocontroller ohne einen PC zu programmieren. Es ist besonders für Einsteiger und für die Ausbildung interessant, weil die gewohnte Hardware wie Smartphones und Tablets verwendet werden können. Kleine Programme (Apps) können direkt aus dem Netz von http://tiny.systems/categorie/cheepit/ in den Controller geladen werden. Selbst entwickelte Software lässt sich problemlos mit andern Nutzern teilen.

1.1 Die Hardware

Anders als sonst üblich braucht man kein Programmiergerät mehr sondern nur noch ein mobiles Gerät mit einem Webbrowser. Sogar die Programmierung über MP3-Files oder über Klingeltöne ist möglich. Das System eignet sich daher auch für solche Anwendungen, bei denen Programme mobil nachgeladen werden müssen.

www.ak-modul-bus.de/stat/entwicklungssystem_sparrow.html

Der Sparrow verwendet einen Controller aus der AVR-Familie, den ATtiny13a mit 1 K Flash und acht Anschlüssen. Auf der Platine befinden sich neben dem Programmierinterface zwei LEDs und zwei Tastschalter. Damit wird dieses kleine System zu einem einfachen und vielseitig einsetzbaren Gerät.

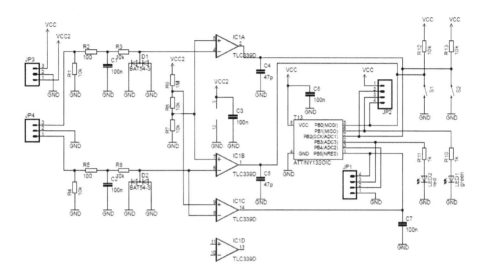

Die Schaltung zeigt rechts das eigentliche Mikrocontroller-System mit dem ATtiny13a und den Bedienelementen. Links befindet sich das Programmierinterface. Ein Vierfach-Komparator LM339- Filter und Begrenzer sorgen dafür, dass die Programmierung in einem weiten Bereich möglicher Eingangspegel funktioniert. Ein Programmiersignal versetzt den Mikrocontroller in den Reset-Zustand und steuert die Leitungen MOSI und SCK an. Die erfolgreiche Programmierung erkennt man an einem Signal an MISO und damit am Flackern der LED1 (grün).

Für die ersten Versuche ohne zusätzliche externe Hardware ist es sinnvoll einen sechspoligen gewinkelten Pfostenstecker einzulöten. Über diesen wird dann die Betriebsspannung zugeführt und das Audiosignal angeschlossen. Die unteren drei Anschlüsse (JP4: L GND R) werden wahlweise an einen Klinkenstecker oder an eine Klinkenbuchse angeschlossen. Der linke und der rechte Kanal dürfen nicht vertauscht werden. An einem Klinkenstecker ist der erste Kontakt (Spitze) der linke Kanal.

Die Betriebsspannung kann im einfachsten Fall von einem Batteriefach für zwei Mignonzellen (AAA) mit zusammen 3 V kommen. Die oberen drei Anschlüsse dienen der Versorgung des Mikrocontrollers (VCC, Anschluss V an Jp3) und des Programmierinterfaces (VCC2, Anschluss + an JP3) mit dem gemeinsamen SNG-Anschluss (G an PJP3). Ein Teilesatz mit allen erforderlichen Steckern und zusätzlichen Bauteilen ist in Vorbereitung.

Es existiert bereits eine große Sammlung fertiger Apps (http://tiny.systems/categorie/cheepit/). Die meisten dieser kleinen Programme wurden in Bascom entwickelt, einige auch in Assembler und in C. Anklicken und Übertragen reicht aus, aber wer möchte kann sich auch die Quelltexte ansehen. Es gibt jeweils eine helles und eine dunkle Cheepit-Schaltfläche. Hält man den Mauszeiger länger darauf erscheint ein Hinweis zur Invertierung. Bur die dunkle Schaltfläche startet die invertierte Übertragung und passt zum Sparrow. Die nicht-invertierte Übertragung wird für alternative Schaltungen benötigt, die im Kapitel 10 vorgestellt werden.

Für die Entwicklung eigener Software muss man nur die Grundschaltung des eigentlichen Mikrocontrollers kennen. Mit zwei Tastern und zwei LEDs lassen sich zahlreiche Aufgaben lösen, von Modellversuchen zur digitalen

Elektronik bis hin zu praktisch einsetzbaren Geräten für Heim und Hobby.
Vielfach kann der Sparrow auch als zentrale Steuereinheit für weitere
Elektronik-Projekte dienen. B1 und B3 sind die bevorzugten Ausgänge,
deren Zustand dann zugleich über die LEDs angezeigt wird. B4 kann als
analoger Eingang ADC2 verwendet werden. Alle fünf Ports lassen sich
wahlweise als Eingänge oder als Ausgänge nutzen.

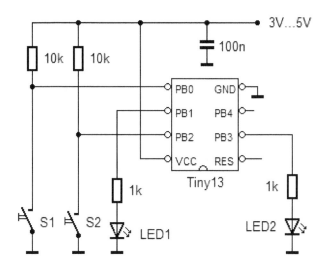

1.2 Komplettpaket SPARROW

Wer nicht löten möchte und lieber alle Bauteile in einem Set haben möchte
kann das Komplettpaket bestellen. Alle Stiftleisten sind schon eingelötet
und die Anschlusskabel (Audio und Batteriefach) sind vorbereitet. Da kann
man gleich loslegen. Das geschlossene Batteriefach hat übrigens
eingebauten Schiebeschalter, sodass man alles aufgebaut lassen kann. Die
wichtigsten Bauteile für eigene Experimente liegen bei.

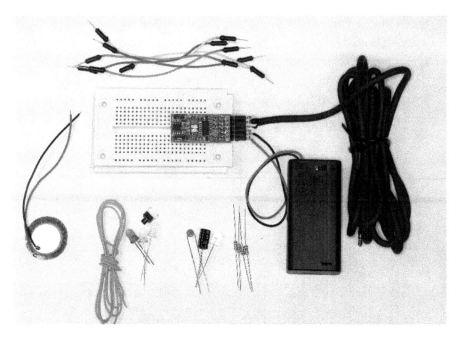

Lieferumfang
* Entwicklungssystem Sparrow mit angelöteten Stiftleisten
* 6pol. Buchsenleiste mit angelötetem Klinkenkabel
* geschlossener Batteriehalter für 2 AA-Mignon-Zellen mit Schalter
* Steckboard mit 270 Steckkontakten
* 3 LEDs rot, grün, gelb 5mm diffus
* Piezosummer
* NTC 10 kΩ
* Fototransistor ELPT333-3C
* 4 Widerstände
* 1 Elko 100µF
* 1 Printtaster
* 6 Steckboard Verbindungskabel
* 1m Schaltdraht

Wer schon einen Sparrow besitzt kann auch ein Bauteileset einzeln bestellen, diesmal mit einem konventionellen Batteriefach. Ansonsten liegen die gleichen Bauteile bei, die so zusammengestellt wurden, dass einige grundlegende Versuche damit durchgeführt werden können.

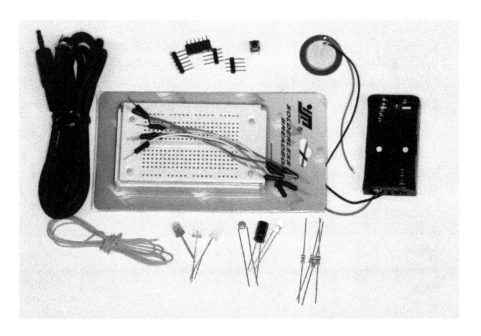

1.3 Schaltungen und Bauvorschläge

Hier folgen einige Vorschläge, was man mit dem Material tun kann. Eine beliebte Übungsaufgabe in der Schule ist die Entwicklung einer Ampelsteuerung. Die drei Ampel-LEDs werden über Vorwiderstände an die Ports angeschlossen, wobei die rote und grüne LED auf dem Sparrow mit leuchten.

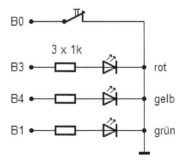

Der Anforderungskontakt liegt an B0 und damit parallel zu S1 des Sparrow.

Man hat also die realistische Situation, dass der Steuercomputer seine eigenen Anzeige und Bedienelemente hat. In einem Schaltkasten an der Straßenkreuzung findet man das auch. Der Techniker kann bei Wartungsarbeiten auf S2 drücken, um die Anlage in einen Notbetrieb mit blinkender gelber Lampe umzuschalten. Auch das wäre eine lohnende Erweiterung des Programms.

Mit Sensoren öffnen sich unbegrenzte Möglichkeiten. Der vorhandene NTC-Temperatursensor und der Fototransistor als Lichtsensor werden in gleicher Weise in einem Spannungsteiler verwendet. Der Eingang B4 (ADC) ist noch frei und eignet sich als Sensoreingang. Eine steigende Temperatur bzw. steigende Helligkeit wird dann an einer steigenden Spannung erkannt. In Ausnahmefällen kann auch B3 als Sensoreingang verwendet werden, wobei die interne rote LED den Sensorstrom mit anzeigt.

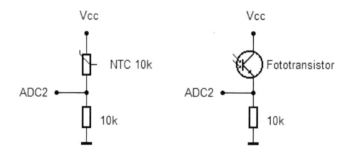

Der Piezoschallwandler kann wahlweise als Lautsprecher oder als Sensor verwendet werden. Zur Soundausgabe eignet sich der Port B2, der auch als PWM-Ausgang dient. Eine fertige App dafür ist das akustische Voltmeter (http://tiny.systems/categorie/cheepit/Voltmeter.html).

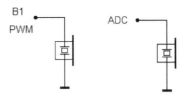

Für die Verwendung als Bewegungs- oder Erschütterungssensor oder als Mikrofon muss der Piezowandler an einen AD-Eingang angeschlossen werden. Dies kann der offene Eingang ADC2 (B4) sein oder der Eingang B3 mit der internen roten LED. Die LED kann helfen eine mittlere Spannung einzustellen, wenn man z.b. den Pullup einschaltet und damit einen kleinen Strom vorgibt. In diesem Fall hätte der Sensor eine erhöhte untere Grenzfrequenz, währen ADC2 auch langesame Änderungen zeigen könnte.

Auch mit dem Elko von 100 µF lassen sich ganz unterschiedliche Experimente durchführen. Er kann zum Beispiel in einem Modell eines Regelkreises verwendet werden. Ein Programm soll B3 so steuern, dass möglichst genau die Spannung U am Kondensator eingestellt wird, wobei U vielleicht mit den Tasten eingestellt werden kann.

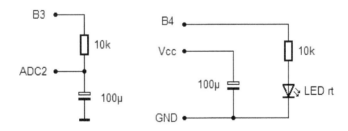

Eine ganz andere Anwendung ist die Versorgung des Sparrow aus dem Elko und die Entwicklung extrem stromsparender Anwendungen. Ein Beispiel dafür ist der "ewige Blinker" (http://tiny.systems/categorie/cheepit/EwigerBlinker.html), den man aber noch verbessern könnte, wenn eine LED mit größerem Vorwidertand an B4 verwendet würde. Das könnte ein interessanter Wettbewerb in einer Lerngruppe werden. Wer betreibt den Sparrow am sparsamsten und erreicht die längste Betriebsdauer mit einer Kondensatorladung.

2. Einfache Apps, Licht und Sound

Die folgenden einfachen Anwendungen kommen meist noch ohne externe Hardware aus. Die Programme wurden mit Bascom entwickelt, die Quelltexte werden jeweils mit abgedruckt. So können Sie leicht den Überblick gewinnen und sich zu eigenen Anwendungen inspirieren lassen. Bascom kann unter http://www.mcselec.com/ als Testversion bis 4 KB kostenlos geladen werden und eignet sich besonders für den einfachen Einstieg in die Mikrocontroller-Programmierung.

2.1 Einstellbarer Gegentakt-Blinker

Die beiden LEDs blinken im Gegentakt. Die Blinkgeschwindigkeit ist über die Tasten einstellbar. Mit S1 wird das Blinken schneller, mit S2 langsamer. Damit sind alle vier Bedienelemente getestet.

http://tiny.systems/categorie/cheepit/EinstellbarerGegentaktblinker.html

```
'Sparrow_blink2.bas
$regfile = "attiny13.dat"
$crystal = 1200000
$hwstack = 8
$swstack = 4
$framesize = 4
Config Portb = &B000011010
Dim T As Byte
Dim N As Byte

Led1 Alias Portb.1
Led2 Alias Portb.3
S1 Alias Pinb.0
S2 Alias Pinb.2

Led1 = 1
Led2 = 0
T = 20
Do
  N = 0
```

```
Do
  If S1 = 0 Then T = T + 1
  If T > 250 Then T = 250
  If S2 = 0 Then T = T - 1
  If T < 1 Then T = 1
  Waitms 10
  N = N + 10
  Loop Until N >= T
  Toggle Led1
  Toggle Led2
Loop

End
```

2.2 Einstellbare LED-Helligkeit

Die grüne LED1 kann über den PWM-Ausgang PWM0B des Tiny13 gesteuert werden. Das folgende Testprogramm erlaubt die Einstellung der LED-Helligkeit über die Tasten.

http://tiny.systems/categorie/cheepit/EinstellbareLEDHelligkeit.h tml

```
'Sparrow_PWM.bas
$regfile = "attiny13.dat"
$crystal = 1200000
$hwstack = 8
$swstack = 4
$framesize = 4
Config Portb.1 = 1
Dim D As Byte

Led1 Alias Portb.1
Led2 Alias Portb.3
S1 Alias Pinb.0
S2 Alias Pinb.2

Config Timer0 = Pwm , Prescale = 8 , Compare B Pwm =
Clear Up

D = 50
Do
  If S1 = 0 Then D = D + 1
```

```
    If D > 254 Then D = 254
    If S2 = 0 Then D = D - 1
    If D < 1 Then D = 1
    Waitms 10
    Pwm0b = D
Loop
End
```

2.3 Elektrofeld-Sensor

Wenn man die rote LED2 nicht verwendet und die Ports B3 und B4 hochohmig lässt hat man an ADC3 einen extrem empfindlichen analogen Eingang. Es reicht ein 5 cm langer Draht an B3 als Antenne, um elektrische Felder zu messen und über den PWM-Ausgang anzuzeigen. Mit dem Spatz in der Hand läuft man über einen Teppich und sieht direkt die elektrische Aufladung bei jedem Schritt an der Helligkeit der grünen LED.

http://tiny.systems/categorie/cheepit/ElektrofeldSensor.html

```
'Sparrow_ADC.bas

$regfile = "attiny13.dat"
$crystal = 1200000
$hwstack = 8
$swstack = 4
$framesize = 4

Dim D As Integer
Ddrb = 2

Config Adc = Single , Prescaler = Auto
Start Adc
Config Timer0 = Pwm , Prescale = 8 , Compare B Pwm =
Clear Up

Do
  D = Getadc(3)
  D = D / 4
  Pwm0b = D
  Waitms 18
Loop
End
```

Das Programm enthält eine Verzögerung von 18 Millisekunden, also nahe an der Periodendauer von 20 ms des 50-Hz-Netzes. Alle 50-Hz-Signale werden daher verlangsamt und gut sichtbar an der grünen LED angezeigt. Nähert man sich der Antenne mit der Hand steigt die Amplitude der Wechselspannung deutlich sichtbar an. Sogar Netzleitungen in der Wand kann der Sparrow aufspüren!

Dieses Programm ist fast so nützlich wie ein kleines Oszilloskop. Auch zur Spannungsmessung kann es eingesetzt werden, solange die Messspannung nicht größer als die Betriebsspannung ist. Zur Sicherheit kann man einen Schutzwiderstand von 10 kΩ in die Messleitung legen. Die meisten Messgeräte mitteln die Messung und unterdrücken damit eventuelle überlagerte Wechselspannungen. Der Spatz aber zeigt sie an.

2.4 RS-Schalter

Ein RS-Flipflop hat zwei Eingänge, einen zum Einschalten (Set) und einen zum Ausschalten (RS). Genauso funktionierte diese App. S2 schaltet beide LEDs ein und S1 schaltet sie aus.

http://tiny.systems/categorie/cheepit/RSSchalter.html

```
'Sparrow_RS.bas on/off LEDs
$regfile = "attiny13.dat"
$crystal = 1200000
$hwstack = 8
$swstack = 4
$framesize = 4
Config Portb = &B000011010
Dim T As Byte
Dim N As Byte

Led1 Alias Portb.1
Led2 Alias Portb.3
S1 Alias Pinb.0
S2 Alias Pinb.2

Led1 = 1
Led2 = 1
T = 20
```

```
Do
 If S1 = 0 Then
    Led1 = 0
    Led2 = 0
 End If
 If S2 = 0 Then
    Led1 = 1
    Led2 = 1
 End If
Loop
End
```

2.5 Toggle-Schalter

Die Funktion dieser App entspricht der zweier Toggle-Flipflops. Einmal drücken = An, nochmal drücken = Aus. Und das getrennt für beide Taster, die jeweils ihre eigene LED schalten.

http://tiny.systems/categorie/cheepit/ToggleSchalter.html

```
'Sparrow_Toggle.bas on/off LEDs
$regfile = "attiny13.dat"
$crystal = 1200000
$hwstack = 8
$swstack = 4
$framesize = 4
Config Portb = &B000011010
Dim T As Byte
Dim N As Byte

Led1 Alias Portb.1
Led2 Alias Portb.3
S1 Alias Pinb.0
S2 Alias Pinb.2

Led1 = 1
Led2 = 1
T = 20
Do
 If S1 = 0 Then
    Toggle Led1
    Waitms 50
    Do
    Loop Until S1 = 1
    Waitms 50
```

```
  End If
  If S2 = 0 Then
     Toggle Led2
    Waitms 50
    Do
    Waitms 50
    Loop Until S2 = 1
  End If
Loop
End
```

2.6 Entspannungslicht

Die grüne LED wird über den PWM-Ausgang wellenartig langsam gedimmt und wieder aufgeblendet. Die Geschwindigkeit ist über die Taster einstellbar. Da das Auge kein lineares Empfinden für die Helligkeit besitzt wird hier durch Quadrieren einer Laufvariablen eine Parabelfunktion realisiert.

http://tiny.systems/categorie/cheepit/Entspannungslicht.html

```
'Sparrow_Fade.bas
$regfile = "attiny13.dat"
$crystal = 1200000
$hwstack = 8
$swstack = 4
$framesize = 4
Config Portb.1 = 1
Config Portb.3 = 1
Config Portb.4 = 1
Dim T As Byte
Dim I As Byte
Dim J As Byte
Dim N As Byte
Dim D As Word


Led1 Alias Portb.1
Led2 Alias Portb.3
S1 Alias Pinb.0
S2 Alias Pinb.2
```

```
Config Timer0 = Pwm , Prescale = 8 , Compare B Pwm =
Clear Up

N = 50
T = 5
J = 0
Do
  Waitms 10
  I = I + 1
  If I >= T Then
    'Toggle Led2
    If S1 = 0 Then T = T + 1
    If T > 20 Then T = 20
    If S2 = 0 Then T = T - 1
    If T < 1 Then T = 1
    I = 0
    If J = 0 Then N = N + 1
    If N > 250 Then J = 1
    If J = 1 Then N = N - 1
    If N < 50 Then J = 0
    D = N * N
    D = High(d)
    Pwm0b = D
  End If
Loop
End
```

2.7 Der ewige Blinker

Den ewigen Blinker gibt es schon ewig. Mal als reine Elektronik-Schaltung
und mal als Mikrocontroller-Anwendung "Der ELO-Flasher". Nun ist er
auch auf den Sparrow gekommen. Das Ziel ist extremes Stromsparen. Der
Sparrow erzeugt ein regelmäßiges Blitzen an der grünen LED, legt sich aber
in der Zwischenzeit schlafen und braucht dann fast keinen Strom. Dass er
wieder aufwacht, dafür sorgt der Watchdog-Timer des Tiny13. Der Sparrow
wurde hier über einen Speicherkondensator 0,1 F, 5,5 V betrieben. Einmal
auf 5 V aufgeladen blinkt er ein bis zwei Stunden lang vor sich hin. Der
Spatz ist mit Stromversorgung so klein, dass man ihn sich ans T-Shirt
heften kann.

http://tiny.systems/categorie/cheepit/EwigerBlinker.html

```
'ATtiny13 Sparrow Lowpower Flash - Ewiger Blinker
$regfile = "attiny13.dat"
$crystal = 1200000
$hwstack = 8
$swstack = 4
$framesize = 4
Config Portb = 2

Led1 Alias Portb.1
Led2 Alias Portb.3

Config Watchdog = 1024
Start Watchdog

Led1 = 1
Waitms 10
Led1 = 0
Powerdown
End
```

2.8 Das akustische Voltmeter

Wenn man genau aufpasst wohin man die Messkabel hält fällt es manchmal schwer, gleichzeitig auf das Voltmeter zu sehen. Dann braucht man das akustische Voltmeter. An B1 wird ein Piezo-Schallwandler oder ein dynamischer Lautsprecher mit Vorwiderstand angeschlossen.

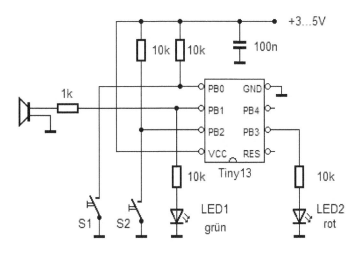

Die gemessene Spannung wird in eine Tonhöhe umgesetzt. Und null Volt ist Stille, damit es nicht dauernd nervt. Der Messeingang ist ADC3 (B3), und der Soundausgang ist B1. Die Signale werden über PWM0B erzeugt. Der Timer wird mit festem Vorteiler betrieben. Aber die Tonhöhe wird über das Osccal-Register verändert, d.h. der interne RC-Oszillator des Tiny13 wird abgestimmt und damit die gesamte Taktrate. Am Eingang empfiehlt sich ein Schutzwiderstand mit 10 k gegen Überspannungen und ein Widerstand mit ca. 100 k gegen GND, damit offene Messkabel keine Spannung haben.

http://tiny.systems/categorie/cheepit/Voltmeter.html

```
'Sparrow_ADCsound.bas
$regfile = "attiny13.dat"
$crystal = 1200000
$hwstack = 8
$swstack = 4
$framesize = 4

Dim D As Integer
Ddrb = 2
'Sound Output B1
```

```
Config Adc = Single , Prescaler = Auto
Start Adc
Config Timer0 = Pwm , Prescale = 8 , Compare B Pwm =
Clear Up

Do
  D = Getadc(3)
'Voltage Input B3
  D = D / 10
  Osccal = D
  If D < 1 Then Pwm0b = 0 Else Pwm0b = 40
  Waitms 18
Loop
End
```

2.9 Stimmungsindikator

Zwischenmenschliche Beziehungen basieren auf eindeutigen Signalen. Aber nicht immer ist es leicht, die richtigen Worte zu finden. Der Sparrow kann da helfen. Er fungiert als eine Art Stimmungs-Ampel und macht es unnötig, dass Sätze wie "Quatsch mich nicht an!" ausgesprochen werden. Nach dem Start blitzt der Sparrow nur so vor sich hin und signalisiert seine Bereitschaft. Der Benutzer wählt dann die momentane Stress-oder Entspannungsstufe mit den beiden Tastern (up/down). Was das dann jeweils genau bedeutet, muss man natürlich vereinbaren. Es könnte zum Beispiel so aussehen:

Modus 1: Doppelblitze rot/grün: Maximaler Stress, am besten nicht ansprechen
Modus 2: Einzelblitze rot/grün: Stark belastet, Kopf ist nicht frei
Modus 3: Doppelblitze rot: Versuch der Entspannung läuft
Modus 4: Einzelblitze rot: Gut entspannt, alles easy
Modus 5: Einzelblitze grün: Bereit zu neuen Taten
Modus 6: Doppelblitze grün: Let's go!

http://tiny.systems/categorie/cheepit/Stimmungsindikator.html

```
'ATtiny13 Sparrow Blink3.bas
$regfile = "attiny13.dat"
$crystal = 1200000
$hwstack = 8
$swstack = 4
$framesize = 4
Config Portb = &B000011010
```

```
Dim T As Byte
Dim N As Byte
Dim M As Byte
Led1 Alias Portb.1
Led2 Alias Portb.3
S1 Alias Pinb.0
S2 Alias Pinb.2

Do
  If S2 = 0 Then
    Waitms 50
    If M < 6 Then M = M + 1
    Do
    Loop Until S2 = 1
    Waitms 50
  End If
  If S1 = 0 Then
    Waitms 50
    If M > 1 Then M = M - 1
    Do
    Loop Until S1 = 1
    Waitms 50
  End If

  If M = 0 Then
'Standby
    Led1 = 1
    Waitms 10
    Led1 = 0
    Waitms 500
  End If

  If M = 1 Then
'very busy
    Led1 = 1 : Led2 = 1
    Waitms 30
    Led1 = 0 : Led2 = 0
    Waitms 100
    Led1 = 1 : Led2 = 1
    Waitms 30
    Led1 = 0 : Led2 = 0
     Waitms 840
  End If

  If M = 2 Then
'busy
    Led1 = 1 : Led2 = 1
```

```
    Waitms 30
    Led1 = 0 : Led2 = 0
    Waitms 970
  End If

  If M = 3 Then
'relaxing
    Led2 = 1
    Waitms 30
    Led2 = 0
    Waitms 100
    Led2 = 1
    Waitms 30
    Led2 = 0
    Waitms 840
  End If

  If M = 4 Then
'relexed
    Led2 = 1
    Waitms 30
    Led2 = 0
    Waitms 970
  End If

  If M = 5 Then
'ready
    Led1 = 1
    Waitms 30
    Led1 = 0
    Waitms 970
  End If

  If M = 6 Then
'go
    Led1 = 1
    Waitms 30
    Led1 = 0
    Waitms 100
    Led1 = 1
    Waitms 30
    Led1 = 0
    Waitms 840
  End If

Loop
End
```

Cheepit Sparrow

3 Sparrow Werkzeuge

Wer Mikrocontroller an einem PC programmiert, hat meist einen Compiler und ein Programmiergerät am USB. Oft setzt man einen Bootloader ein, wobei das Zielsystem sich selbst programmieren kann. In jedem Fall aber braucht man einen PC mit einer passenden Schnittstelle wie z.B. eine RS232 oder einen USB-Anschluss.

Beim Sparrow ist das anders. Ein Programmiergerät braucht man nicht, denn die erforderliche Hardware ist schon vorhanden. USB oder RS232 braucht man auch nicht, denn die Programmierung läuft über die Soundkarte, genauer gesagt über den Kopfhörerausgang. Spezielle Programmiersoftware braucht man auch nicht, denn es reicht ein Internetbrowser. Ein Klick reicht, dann wird das passende Soundfile übertragen.

So einfach ist es, wenn man fertige Apps verwendet. Aber was ist, wenn man selbst Software entwickeln will? Dann braucht man einen Assembler oder einen Compiler, der ein Hex-File erzeugt. Und dieses kann dann online in das fassende Soundfile umgewandelt und auch gleich übertragen werden.

3.1 Online Hex2Wav Konverter

Fertige Apps sind gut und schön. Aber was hat das alles für einen Nutzen, wenn man nur die Tests aufspielen kann. Das wird schnell langweilig. Aus diesem Grund wurde der Codegenerator für den ATtiny13a zu einer kleinen WebApp aufgebohrt. Mit dieser Anwendung können nun beliebig Programme, unabhängig vom eingesetzten Compiler, auf den Controller geladen werden.

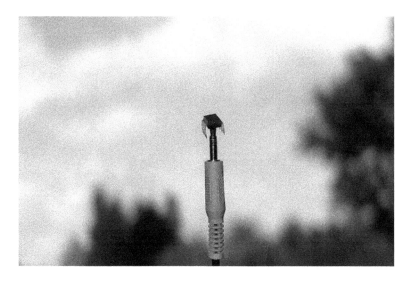

Der Konverter ist sehr einfach zu bedienen. Die folgende Anleitung gilt für den Tiny13 außerhalb eines Sparrow, beim Sparrow entfällt das manuelle Drücken der Reset-Taste:

• Datei auswählen (bitte eine gültige .hex für den AVR ATtiny13a oder ATtiny13)
• Schaltung anschließen
• Lautstärkeregler auf Maximum einstellen
• RESET-Leitung auf Masse ziehen
• "Upload" drücken
• Warten bist das Programm übertragen wurde (blinken)
• RESET-Leitung von Masse entfernen

Bei Misserfolg folgende Punkte überprüfen:

• Lautstärke kontrollieren
• Nochmals Reset auslösen
• Playtaste am eingebetteten Player drücken.

Der Sparrow erwartet die Einstellung "Signal invertieren". Nichtinvertierte Signale kann man verwenden um einen Tiny13 mit zwei Widerständen und einer Reset-Taste zu programmieren(vgl. Kap. 10).

Wenn man genau hinhört, erkennt man eine Art Vorspann des Sounds. Sie dient dazu, den Sparrow in den Reset-Zustand zu versetzen. Der Sparrow hat eine dazu passende Reset-Schaltung. Das ist der eigentliche Grund dafür, dass man bei der Programmierung mit nur zwei Leitungen auskommt. Wer die übliche ISP-Schnittstelle für AVR-Controller verwendet, kennt ja den sechspoligen Anschluss mit MOSI, MISO, SCK, Reset, GND und VCC. Hier wird auf MISO verzichtet, MOSI (linker-Kanal) erzeugt zugleich das Reset-Signal und der rechte Kanal liefert das SCK-Signal.

3.2 Fuse Editor

Der Fuse Editor ermöglicht das Schreiben der Low und High Fuses am Sparrow/ATtiny13a. Achtung! Bei der Veränderung der Fuses sollte man genau wissen was man tut. Durch falsche Einstellungen ist unter Umständen eine Programmierung des Controllers nicht mehr möglich.

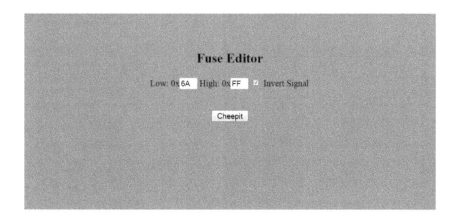

3.3 EEPROM Konverter

Mit dem EEPROM Konverter kann der 64 Byte große EEPROM des Sparrow beschrieben werden. Einfach ein EEPROM-Image (.eep-Datei) auswählen und analog zum Sound Konverter hochladen.

Der Programmspeicher des Sparrow (ATtiny13a) bleibt dabei unberührt. Bestehende Programme bleiben erhalten. Besteht ein Programm aus Flash-Image (.hex) und EEPROM-Image (.eep) muss zuerst der Flash beschrieben werden (mit dem Sound Konverter) erst danach der EEPROM.

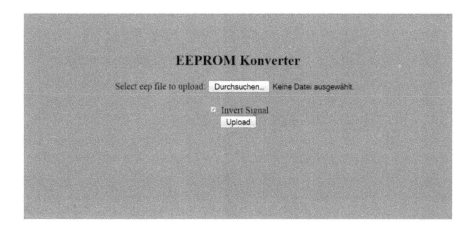

3.4 Sound UART

Die Sound UART Schnittstelle ermöglicht dem Sparrow den Empfang von seriellen Daten (RS232) über den Soundausgang des angeschlossenen Gerätes (Smartphone, Tablet oder PC). Für das Übertragungsverfahren wird der linke Audiokanal verwendet (PB2/Clockleitung am Programmierinterface). Mit dem Konverter können beliebige Bytewerte umgewandelt werden. Das Verfahren liefert dem Mikrocontroller ein echtes serielles Signal mit TTL-Pegel.

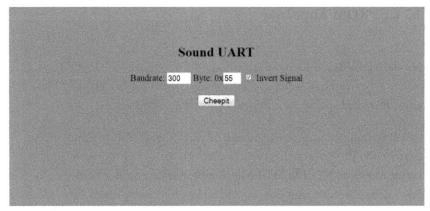

Bei der Übertragung wird lediglich der linke Kanal genutzt. Der rechte Kanal (Reset/Datenleitung) bleibt unverändert. Damit ist eine Datenübertragung an PB2 während des Betriebs möglich.

Die voreingestellte Übertragungrate beträgt 300 Baud bei 8 Datenbits, keiner Parität und einem Stoppbit. Die erzeugten Sounddaten werden mit einer Samplingrate von 44100 Hz erzeugt. Hieraus ergibt sich eine theoretisch mögliche Baudrate von maximal 22050. Bei der Konvertierung treten jedoch bedingt durch die feste Samplingrate Rundungsfehler auf. Der Fehler kann errechnet werden. Ist die Samplingrate ganzzahlig durch die eingestellte Baudrate teilbar, gibt es keine Abweichung.

3.5 Sound of Reset

Dier Trick ist, nur die MOSI-Leitung anzusprechen, nicht aber die SCK-Leitung. Dann wird ein Reset ausgeführt, ohne eine neues Programm zu übertragen.

http://tiny.systems/categorie/cheepit/Reset.html

Sound of Reset

von Thomas Baum

Streng genommen ist der "Sound of Reset" gar keine App. Der Programmspeicher des Sparrow bleibt unverändert. Es wird lediglich die Resetsequenz abgespielt. Mit den Tasten kann also ein Reset durchgeführt werden ohne die Betriebsspannung zu unterbrechen.

tiny.systems (2014)   impressum

3.6 Sparrow an der RS232

Anlass für diese Entwicklung war der vielfache Wunsch, den Sparrow auch mal offline programmieren zu können. Eine Lösung über die Soundkarte ist relativ schwierig, weil es hier eine große Hardware-Vielfalt gibt. Aber die serielle Schnittstelle leistet dasselbe, egal ob es sich um eine echte COM-Schnittstelle oder um einen USB/Seriell-Adapter handelt.

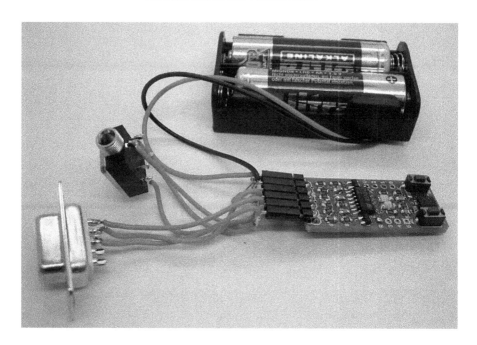

Genau wie beim Hex2Wav-Converter kann man nun ein Hexfile laden und als Datenstrom an den Sparrow senden. Der serielle Anschluss kann parallel zur Audiobuchse liegen. Dem Sparrow ist es egal, über welches Kabel er programmiert wird.

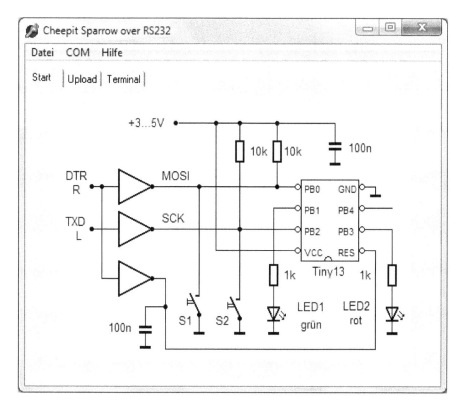

www.elektronik-labor.de/AVR/Sparrow/SparrowRS232.html

Wer das Franzis Lernpaket Mikrocontroller kennt, sieht die Verwandtschaft. Das in Delphi entwickelte Programm Sparrow_RS232.exe wurde aus der Software zum Lernpaket abgeleitet und wird auch ganz ähnlich bedient. Es funktioniert genauso mit dem ersten Sparrow wie mit R2. Der Startbildschirm zeigt den Sparrow mit angedeutetem Programmierinterface. DTR (Pin 4) tritt an die Stelle des rechten Kanals und erzeugt das invertierte MOSI-Signal und die erforderlichen zusätzlichen Reset-Impulse. TXD (Pin 3) ersetzt den linken Kanal der Soundkarte und liefert das SCK-Signal. Zusätzlich muss natürlich auch GND (Pin 5) verbunden werden.

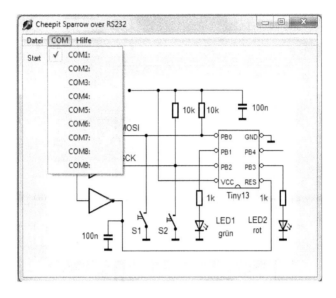

Also erstmal muss man die verwendete COM-Schnittstelle auswählen. Das Programm merkt sich die die Auswahl für den nächsten Start.

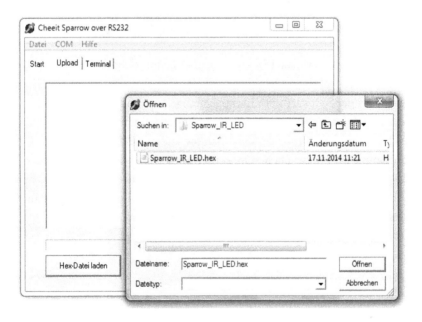

Unter dem Reiter Upload findet man die Schaltfläche Hex-Datei laden. Ein Klick öffnet ein Dateimenü, in dem man die gewünschte Datei auswählt.

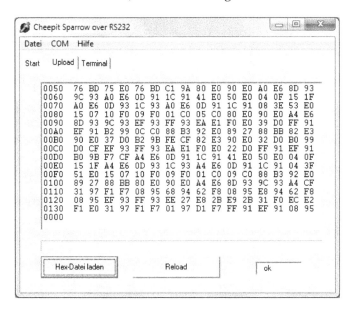

Die Hex-Daten werden eingelesen und angezeigt. Dann kommt die eigentliche Datenübertragung mit einem Fortschrittsbalken. Man sieht die Aktivität an der grünen LED des Sparrow. Am Ende meldet die Software „ok". Aber das steht da immer, sogar wenn kein Sparrow angeschlossen war, denn es gibt ja keine Rückmeldung. Zusätzlich im Vergleich zum Lernpaket Mikrocontroller ist die Reload-Taste hinzugekommen. Sie bewährt sich bei der Programmentwicklung. Man testet, kompiliert neu und testet wieder. Der Name der Hex-Datei bleibt gleich, aber der Inhalt ändert sich.

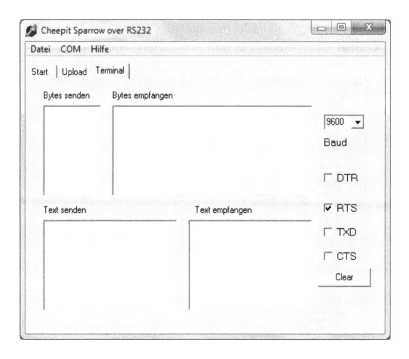

Zusätzlich gibt es noch das Terminal. TXD ist ja schon verbunden und kann über B2 empfangen werden. Für die Gegenrichtung müsste man noch B1 mit RXD verbinden. Und DTR kann verwendet werden, um einen Reset auszuführen.

Und warum dann nicht gleich das Lernpaket Mikrocontroller? Es gibt da einige wichtige Unterschiede. Neu ist, dass man nun eben auch die Soundkarte nutzen kann und dass kein Bootloader im Spiel ist. Das Lernpaket Mikrocontroller brauchte vier Leitungen, der Sparrow nur noch zwei. Der entscheidende Trick ist, dass das Reset-Signal aus dem MOSI-Signal abgeleitet wird. Das bedeutet zugleich, dass man noch den RTS-Ausgang frei hat. Ideal für eine alternative Stromversorgung.

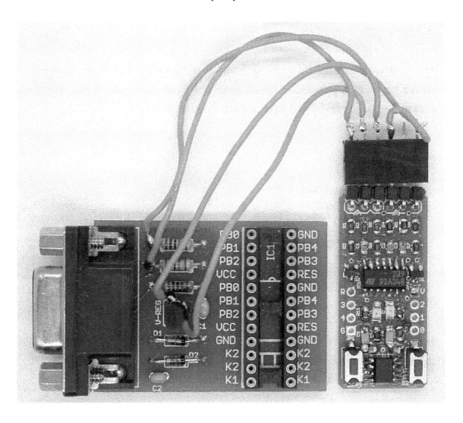

Wer die Platine des Lernpakets hat kann die Stromversorgung gleich mitverwenden. Auf der Platine befindet sich ein 5-V-Regler, der über RTS gepowert wird. Zusätzlich wurde GND, TXD und DTR direkt angelötet. Nun wird alles aus der Schnittstelle versorgt. Keine leere Batterie mehr, egal wie lange die Entwicklung dauert.

Die Verwendung der seriellen Schnittstelle zur Programmierung des Sparrow dient in erster Linie der Entwicklung neuer Apps. Während ein Entwickler vielleicht lieber offline arbeitet, ist für die meisten Anwender meist die Sound-Schnittstelle bequemer oder auch die einzige verfügbare Schnittstelle.

3.7 Sparrow über USB

Der hier verwendete USB/COM-Adapter mit einem FT232R stammt aus dem Franzis Lernpaket Elektronik-Start mit USB und ist auch bei Modul-Bus zu bekommen (USB-Experimentierplatine mit dem FT232R).

Bei den ersten Versuchen gab es Probleme, weil der FR232R zuerst auf den invertierten Betrieb umgestellt werden muss, der auch im Lernpaket verwendet wird. Dazu dient das Programm MProg.

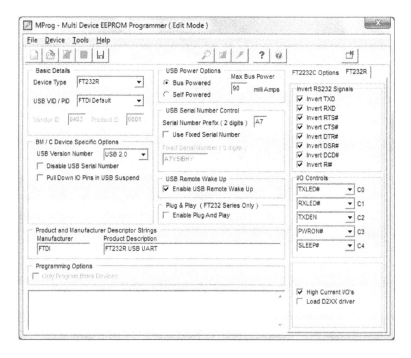

Außerdem ist es wichtig, die Option High Current I/O's einzustellen, weil nur so ausreichend steile Impulse entstehen, die das Tiefpassfilter am Eingang der Sparrow ordentlich ansteuern. Man muss erst die ept-Datei laden, dann den Chip mit Device/Program programmieren und danach unbedingt einmal den USB-Stecker abziehen und neu verbinden. Der FTDI meldet sich dann ganz neu an und hat auch erstmal wieder eine neue COM-Nummer, die ich grundsätzlich auf COM2 umstelle.

Nun funktioniert es mit der gleichen Software wie für die RS232, allerdings wesentlich langsamer, weil jeder Zugriff auf die Datenleitungen im Schnitt 0,25 ms braucht. Der Reset-Kondensator im Sparrow reicht mit 100 nF gerade noch aus. In einigen Fällen könnte es aber nötig sein, ihn extern zu vergrößern.

Für den Fall, dass ein vergleichbarer Adapter mit einem USB-Chip einer anderen Firma verwendet wird, der die Invertierung der Leitungen nicht ermöglicht, gibt es diese alternative Software-Lösung. Dieses Programm erzeugt invertierte Pegel. Es wurde mit einer FT232-Platine mit dem Chip im Originalzustand getestet.

4 Morsen und Binäre Telegraphie

Da der Sparrow nicht übermäßig viele Eingabetasten besitzt, macht es Sinn Daten seriell mit nur einer Taste zu übertragen. Da könnte man natürlich den guten alten Morsecode verwenden. Aber ein Mikrocontroller arbeitet ja intern eher mit Bits und Bytes, die man auch direkt und ohne Umwege über eine Codierung darstellen kann. Der Code sieht so aus:

- Wie beim Morsen werden Punkte und Striche verwendet, Geschwindigkeiten und Strichlängen sind gleich, z.B. 100 ms und 300 ms.
- Punkte stehen für Nullen, Striche stehen für Einsen
- Die Übertragung eine Bytes beginnt mit dem niederwertigsten Bit
- Führende Nullen dürfen unterdrückt werden.

Ein Beispiel: Die Zahl 2 heißt binär 0010 und wird mit dem Low-Bit zuerst als dit dah gesendet. dit dah dit dit oder dit dah dit gehen auch, weil beliebig viele Nullen folgen können ohne das Ergebnis zu ändern.

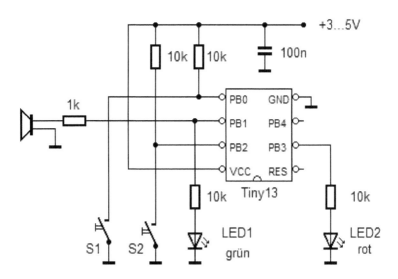

Video: **http://youtu.be/8-oqc-X2cmo**

Wer morsen kann und die binäre Telegraphie noch nicht gewohnt ist wundert sich vielleicht: a, r und l bedeuten dasselbe, nämlich 2. Die Ziffern von 0 bis 9 hören sich ohne führende Nullen an wie die Morsezeichen e t a m u k w o v x.

Wer nicht morsen kann hat es vielleicht leichter, denn er hört einfach nur Nullen und Einsen. Hier noch ein paar Beispiele für Zahlen bis 4 Bit:

0 = dit
1 = dah
2 = dit dah
4 = dit dit dah
8 = dit dit dit dah
10 = dit dah dit dah
15 = dah dah dah dah

Es geht aber auch für größere Zahlen bis 8 Bit:

255 (&HFF, 1111 1111) = dah dah dah dah dah dah dah dah
100 (&H64, 0110 0100) = dit dit dah dit dit dah dah
128 (&H80, 1000 0000) = dit dit dit dit dit dit dit dah

Man kann die Zeichen auch ohne einen Lautsprecher optisch an der LED 1 nachverfolgen, was allerdings schwieriger ist, weil der Mensch meist schneller hört als er sehen kann. Wenn es aber nur um kleine Zahlen und damit kurze Ein- und Ausgaben geht reicht auch die LED. Das Verfahren kann nach einiger Übung auch zum Debuggen verwendet werden, indem man irgendwelche Zwischenergebnisse ausgibt.

4.1 Sparrow_TeleBin

Die App Sparrow_TeleBin dient zum Ausprobieren und zum Üben der Binärtelegraphie. Am besten schließt man einen kleinen Lautsprecher oder Piezo-Schallwandler an. Dann gibt man über S1 beliebige Binärzahlen ein. Der Sparrow sendet die gleichen Binärzahlen zurück, wobei führende Nullen unterdrückt werden. Gleichzeitig erhält man einen genauen Eindruck von der korrekten Geschwindigkeit mit 100 ms und 300 ms (entspricht 60 Buchstaben pro Minute beim Morsen). Man erhält auf jede Eingabe eine korrigierende Antwort, sodass man nach kurzer Zeit den richtigen Takt drauf hat.

http://tiny.systems/categorie/cheepit/Bin%C3%A4rtelegraphie.html

```
'Sparrow_TeleBin.bas
'Dit 100 ms = 0, Dah 300 ms = 1, Low Bit first

$regfile = "attiny13.dat"
$crystal = 1200000
$hwstack = 8
$swstack = 4
$framesize = 4

Led1 Alias Portb.1
Led2 Alias Portb.3
S1 Alias Pinb.0
S2 Alias Pinb.2
Config Portb = &B000011010
Dim D As Byte
Dim T As Byte
Dim B As Byte
Dim C As Byte
Declare Sub Receivebinary
Declare Sub Sendbinary

' Timer 0 is configured for Sound at OC0B / PB1
Config Timer0 = Pwm , Prescale = 8 , Compare B Pwm =
Clear Up

Do
 Receivebinary
```

```
 Waitms 300
 Sendbinary
Loop

Sub Receivebinary
  C = 0
  B = 1
  Do
     Do
     Loop Until S1 = 0
     Pwm0b = 80
     T = 0
     Do
       Waitms 10
       T = T + 1
     Loop Until S1 = 1
     Pwm0b = 0
     Waitms 10
     If T > 15 Then
        C = C + B
     End If
     Shift B , Left
     T = 0
     Do
       Waitms 10
       T = T + 1
     Loop Until S1 = 0 Or T > 25
  Loop Until T > 25
End Sub

Sub Sendbinary
  Do
    B = C And 1
    If B = 1 Then
      Pwm0b = 80
      Waitms 300
    Else
      Pwm0b = 80
      Waitms 100
    End If
    Pwm0b = 0
    Waitms 100
   Shift C , Right
  Loop Until C = 0
End Sub
```

4.2 Ein Code-Schloss

Hier muss der Anwender vier geheime Zahlen in genau der richtigen Reihenfolge eingeben. Die Voreinstellung lautet 1 2 3 4, aber für ernste Anwendungen könnte man sich intelligentere Zahlen ausdenken. Wenn alle vier Eingaben richtig sind geht die rote LED an. Hier könnte z.B. eine Transistor-Schaltstufe mit Relais und Türöffner angeschlossen werden. Für die Anwendung ist es vermutlich besser, keinen Lautsprecher anzuschließen, damit die Zahlenkombination möglichst nicht mitgehört werden kann. Die gewählten Geheimzahlen lauten im Format der binären Telegraphie wie folgt:

dah
dit dah
dah dah
dit dit dah

Und am Ende kann man einmal kurz drücken um die Tür wieder zu schließen. Zur Verwirrung neugieriger Gäste kann man auch ein beliebiges anderes Zeichen eingeben, solange es anders ist als die erste Geheimzahl. Genauso kann man auch beim Öffnen einen langen Vorspann unsinniger Daten senden, bis jeder Lauscher frustriert aufgibt. Erst dann kommen die richtigen Zahlen 1 2 3 4.

http://tiny.systems/categorie/cheepit/Bin%C3%A4rtelegraphieCod eSchloss.html

```
'SparrowTeleBinLock.bas
'Dit 100 ms = 0, Dah 300 ms = 1, Low Bit first
'Secret code = 1 2 3 4

$regfile = "attiny13.dat"
$crystal = 1200000
$hwstack = 8
$swstack = 4
$framesize = 4

Led1 Alias Portb.1
Led2 Alias Portb.3
```

```
S1 Alias Pinb.0
S2 Alias Pinb.2
Config Portb = &B000011010

Dim D As Byte
Dim T As Byte
Dim B As Byte
Dim C As Byte

Declare Sub Receivebinary

' Timer 0 is configured for Sound at OC0B / PB1
Config Timer0 = Pwm , Prescale = 8 , Compare B Pwm =
Clear Up

Do
C1:
 Receivebinary
 Led2 = 0
 If C <> 1 Then Goto C1
 Receivebinary
 If C <> 2 Then Goto C1
 Receivebinary
 If C <> 3 Then Goto C1
 Receivebinary
 If C <> 4 Then Goto C1
 Led2 = 1
Loop

Sub Receivebinary
  C = 0
  B = 1
  Do
     Do
     Loop Until S1 = 0
     Pwm0b = 80
     T = 0
     Do
       Waitms 10
       T = T + 1
     Loop Until S1 = 1
     Pwm0b = 0
     Waitms 10
     If T > 15 Then
        C = C + B
     End If
     Shift B , Left
```

```
    T = 0
    Do
      Waitms 10
      T = T + 1
    Loop Until S1 = 0 Or T > 25
  Loop Until T > 25
End Sub
```

4.3 Sparrow-Merkhilfe

Lange Zahlenreihen wie z.B. Telefonnummern kann man leicht mal vergessen. Aber im EEPROM des Sparrow sind sie gut aufgehoben, egal ob in Byteform oder als Ziffern 0 bis 9. Beim Start des Geräts wird die zuletzt gespeicherte Zahlenfolge optisch und akustisch telegraphiert. Dann hat man die Möglichkeit eine neue Zahlenfolge einzugeben. Das Ende wird durch eine Zahl 255 (acht Striche) gekennzeichnet. Ohne neue Eingabe bleibt die alte Zahlenfolge erhalten und wird beim nächsten Neustart oder Reset neu ausgegeben.

http://tiny.systems/categorie/cheepit/Bin%C3%A4rtelegraphieMer khilfe.html

```
'SparrowTeleBinMemory.bas
'Dit 100 ms = 0, Dah 300 ms = 1, Low Bit first
$regfile = "attiny13.dat"
$crystal = 1200000
$hwstack = 8
$swstack = 4
$framesize = 4

Led1 Alias Portb.1
Led2 Alias Portb.3
S1 Alias Pinb.0
S2 Alias Pinb.2
Config Portb = &B000011010

Dim D As Byte
Dim T As Byte
Dim B As Byte
Dim C As Byte
Dim A As Byte
```

```
Declare Sub Receivebinary
Declare Sub Sendbinary
' Timer 0 is configured for Sound at OC0B / PB1
Config Timer0 = Pwm , Prescale = 8 , Compare B Pwm =
Clear Up

S:
A = 0
Do
  Readeeprom C , A
  If C < 255 Then Sendbinary
  A = A + 1
  Waitms 500
Loop Until C = 255

A = 0
Do
  Receivebinary
  D = C
  Writeeeprom D , A
  A = A + 1
Loop Until D = 255
Goto S


Sub Receivebinary
  C = 0
  B = 1
  Do
    Do
    Loop Until S1 = 0
    Pwm0b = 80
    T = 0
    Do
      Waitms 10
      T = T + 1
    Loop Until S1 = 1
    Pwm0b = 0
    Waitms 10
    If T > 15 Then
        C = C + B
    End If
    Shift B , Left
    T = 0
    Do
      Waitms 10
      T = T + 1
```

```
      Loop Until S1 = 0 Or T > 25
   Loop Until T > 25
End Sub

Sub Sendbinary
   Do
     B = C And 1
     If B = 1 Then
        Pwm0b = 80
        Waitms 300
     Else
        Pwm0b = 80
        Waitms 100
     End If
     Pwm0b = 0
     Waitms 100
     Shift C , Right
   Loop Until C = 0
End Sub
```

4.4 Sparrow_Reaktiontest

Noch frisch, oder zu viel gearbeitet? Der Reaktionstest bringt es an den
Tag. Es geht darum, sofort nach einem Lichtsignal auf eine Taste zu
drücken. Wenn man kürzer als 200 ms dafür braucht, ist noch alles im Lot.
Um die Messung zu starten drückt man kurz auf S1. Nach einer zufälligen
kurzen Wartezeit geht die rote LED an. So schnell wie möglich drückt man
dann nochmal auf S1. Der Sparrow misst die Verzögerungszeit in
Hundertstelsekunden und teilt sie dem Anwender in Form von zwei Ziffern
in binärer Telegrafie mit. 2 7 bedeutet 27 * 1/100 s bzw. 270 ms. Ein
Schallwandler an B1 ist angenehm, aber man kann es auch optisch über die
grüne LED lesen.

http://tiny.systems/categorie/cheepit/Reaktionstest.html

```
'Sparrow_Reaktionstest.bas

$regfile = "attiny13.dat"
$crystal = 1200000
```

```
$hwstack = 8
$swstack = 4
$framesize = 4

Led1 Alias Portb.1
Led2 Alias Portb.3
S1 Alias Pinb.0
S2 Alias Pinb.2
Config Portb = &B000011010

Dim D As Byte
Dim T As Byte
Dim B As Byte
Dim C As Byte

Declare Sub Receivebinary
Declare Sub Sendbinary

' Timer 0 is configured for Sound at OC0B / PB1
Config Timer0 = Pwm , Prescale = 8 , Compare B Pwm =
Clear Up

Do
 Do
 Loop Until S1 = 0
'S1 drücken: Start
 Waitms 50
 Do
   Waitms 10
 Loop Until S1 = 1
 Waitms 600
 Do
   T = Rnd(250)
'Zufällige Wartezeit
   Waitms T
   Waitms T
 Loop Until S1 = 1
 D = 0
 Led2 = 1
'Startsignal
 Do
   Waitms 10
   D = D + 1
'Zeitmessung
 Loop Until S1 = 0
 Led2 = 0
 Waitms 500
```

```
C = D / 10
'Zehner 1/100 s
Sendbinary
Waitms 600
C = D Mod 10
'Einner 1/100 s
Sendbinary
Waitms 300
Loop

Sub Sendbinary
  Do
    B = C And 1
    If B = 1 Then
      Pwm0b = 80
      Waitms 300
    Else
      Pwm0b = 80
      Waitms 100
    End If
    Pwm0b = 0
    Waitms 100
    Shift C , Right
  Loop Until C = 0
End Sub
```

4.5 Der Sparrow-Sputnik

1957 sorgte der erste Sputnik für Aufsehen, der erste Satellit, der einfach nur Tonsignale auf 20 MHz und 40 MHz aus dem All sandte. Der Sender war damals mit Röhren bestückt und stellte seinen Dienst ein als die Batterien leer waren. Genau 57 Jahre später ist der Sparrow-Sputnik gestartet, bestückt mit einem stromsparenden Tiny13 und auf Mittelwelle 520 kHz (Welle 600 m, wie man damals teilweise noch sagte). Der Spatz fliegt nicht so hoch und braucht keine externe Antenne, hat aber auch keine große Reichweite, sondern setzt sich direkt auf das Radio, aus dem er gehört werden möchte. Man legt ihn möglichst nahe an die Ferritantenne. Das Sputnik-Signal erscheint auf etwa 520 kHz und den Oberwellen 1040 kHz und 1560 kHz, alles plusminus ein paar Prozent. Der "HF-Oszillator" besteht aus einer Programmschleife und schaltet LED1 in der höchsten möglichen Geschwindigkeit ein und aus. Nach jeweils 200 Schwingungen kommt eine Pause von 0,8 ms, sodass das ganze Signal mit rund 1 kHz moduliert ist. Und auf diese Weise werden Impulspakete im Abstand von etwa einer Sekunde erzeugt. Die Leitungen zur grünen LED auf der Platine bilden eine Windung der Loop-Antenne und koppeln das Signal magnetisch auf den Ferritstab des Radios. Piep, piep ... cheep, cheep ...

Video: http://youtu.be/aczOE3Z5WxY

http://tiny.systems/categorie/cheepit/Sputnik.html

```
'Sparrow_Sputnik.bas
$regfile = "attiny13.dat"
$crystal = 9600000
$hwstack = 8
$swstack = 4
$framesize = 4

Dim N As Byte
Dim M As Byte

Config Portb = &B00011111
Led1 Alias Portb.1
Led2 Alias Portb.3

Clkpr = 128
'9,6 MHz
Clkpr = 0
Clkpr = 0

Do
  Led2 = 1
  For M = 1 To 40
    For N = 1 To 200
'ca. 520 kHz
      Led1 = 1
      Led1 = 0
    Next N
    Waitus 800
'ca 1 kHz AM
  Next M
  Led2 = 0
  Waitms 900
Loop
End
```

4.6 Der Sparrow-Morse-Sputnik

Zwar hat sich die binäre Telegraphie bei der Eingabe von Zahlen bewährt, aber wenn es um Textzeichen geht, hat die Morse-Telegraphie weiterhin ihre Bedeutung. Und da der Sparrow gleich auch sein eigener Hochfrequenzsender ist, ist diese Art der Datenübertragung eine praktische Sache. Das grundlegende Verfahren der Zeichenerkennung und -Kodierung wurde bereits mit anderen AVR-Controllern vorgestellt.

Das Programm erzeugt ein mit ca. 1 kHz moduliertes HF-Signal bei ca. 520 kHz. Wie beim Sparrow-Sputnik kann das Signal auch auf Oberwellen bei ca. 1 MHz und bei 1,5 MHz gehört werden. Das Morsesignal hat eine Geschwindigkeit von etwa 60 BpM. Es werden zufällige Fünfergruppen erzeugt, wie man sie gern beim Üben verwendet. Der Sparrow wird dazu einfach auf ein Mittelwellenradio gelegt und koppelt dann induktiv auf die Ferritantenne. Es werden alle gesetzlichen Grenzwerte für die induktive Übertragung eingehalten, und die Nachbarn hören nichts davon.

http://tiny.systems/categorie/cheepit/MorseSputnik.html

```
'Sparrow_Morsen_Sputnik.bas

$regfile = "attiny13.dat"
$crystal = 9600000
$hwstack = 8
$swstack = 4
$framesize = 4

Led1 Alias Portb.1
Led2 Alias Portb.3
S1 Alias Pinb.0
S2 Alias Pinb.2
Config Portb = &B000011010

Dim D As Byte
Dim T As Byte
Dim B As Byte
Dim C As Byte
Dim N As Byte
Dim M As Byte
Dim I As Byte
Dim J As Byte
```

```
Clkpr = 128
'9,6 MHz
Clkpr = 0
Clkpr = 0

Declare Sub Receivemorse
Declare Sub Sendmorse

Do
  For I = 1 To 5
'Zufällige Fünfergruppen A...Z
    C = Rnd(24)
    C = C + 2
    If C = 19 Then C = 27
    If C = 21 Then C = 28
    Sendmorse
    Waitms 300
  Next I
  Waitms 1500
Loop

Sub Receivemorse
  C = 0
  Do
    Do
    Loop Until S1 = 0
    T = 0
    Do
      For M = 1 To 10
        For N = 1 To 250
'ca. 520 kHz
          Led1 = 1
          Led1 = 0
        Next N
        Waitms 1
'ca 1 kHz AM
      Next M
      T = T + 1
    Loop Until S1 = 1
    Waitms 10
    If T > 15 Then
      C = C + B
    End If
    Shift B , Left
    T = 0
    Do
      Waitms 10
```

```
        T = T + 1
      Loop Until S1 = 0 Or T > 25
    Loop Until T > 25
End Sub

Sub Sendmorse
  J = 1
  Do
    Shift C , Left
    B = C And 128
    J = J + 1
  Loop Until B = 128
  Do
    Shift C , Left
    J = J + 1
    B = C And 128
    If B = 128 Then
      For T = 1 To 240
        For N = 1 To 250
'ca. 520 kHz
          Led1 = 1
          Led1 = 0
        Next N
        Waitms 1
'ca 1 kHz AM
      Next T
    Else
      For T = 1 To 80
        For N = 1 To 250
'ca. 520 kHz
          Led1 = 1
          Led1 = 0
        Next N
        Waitms 1
'ca 1 kHz AM
      Next T
    End If
    Waitms 100
  Loop Until J = 8
End Sub
```

4.7 Sparrow-Morse-Memory

Da möchte man sich etwas notieren, aber der Bleistift ist abgebrochen. Dann bleibt nur der Sparrow, was sonst. Die Notiz wird einfach hineingemorst und kann nach einem Reset wieder abgerufen werden. Auch hier geht es wieder um echte Morsezeichen (nicht um Zahlen im binären Telegraphie-Code). Aber trotzdem sucht man die Morsezeichentabelle im Programm vergeblich. Eigentlich kann der Sparrow gar nicht morsen, er merkt sich einfach nur Punkte und Striche sowie Zeichenpausen, und die gibt er dann wieder. Mit einer Ausnahme, er kennt das Ende-Zeichen .-.-. und setzt dann eine 255 in das EEPROM. So weiß er im Abspielmodus, dass die Nachricht an ihr Ende gekommen ist.

Der Sparrow gibt alles wieder, mit allen Sonderzeichen, die man vielleicht gerade erst erfunden hat, und mit allen Fehlern, die man eventuell gemorst hat. Das Programm eignet sich daher auch zum Üben. Am Anfang braucht es vielleicht mehrere Versuche, bis die Notiz richtig drin ist. Aber nach einiger Zeit geht es immer besser. Dann kann man natürlich auch einen Standard-CQ-Ruf einspeichern und damit einen Sender steuern. Oder einfach auf Mittelwelle abhören, denn auch dieses Programm bildet wie der Sputnik einen kleinen AM-Sender. Wer mehr auf NF steht kann aber auch einen Lautsprecher mit 1-k-Vorwiderstand an B1 anschließen.

http://tiny.systems/categorie/cheepit/MorseMemory.html

```
'Sparrow_Morse_Memory.bas

$regfile = "attiny13.dat"
$crystal = 9600000
$hwstack = 8
$swstack = 4
$framesize = 4

Led1 Alias Portb.1
Led2 Alias Portb.3
S1 Alias Pinb.0
S2 Alias Pinb.2
Config Portb = &B000011010

Dim D As Byte
Dim T As Byte
Dim B As Byte
Dim C As Byte
Dim N As Byte
```

```
Dim M As Byte
Dim I As Byte
Dim J As Byte
Dim A As Byte

Clkpr = 128
'9,6 MHz
Clkpr = 0
Clkpr = 0

Declare Sub Receivemorse
Declare Sub Sendmorse

Do
  A = 0
  Do
    Readeeprom C , A
    If C < 255 Then Sendmorse
    A = A + 1
    Waitms 300
  Loop Until C = 255
  A = 0
  Do
    T = 0
    Do
       Waitms 10
       T = T + 1
       If T > 30 Then T = 30
    Loop Until S1 = 0
    If T = 30 Then
      D = 1
      Writeeeprom D , A
      A = A + 1
    End If
    Receivemorse
    D = C
    Writeeeprom D , A
    A = A + 1
    If C = &B00101010 Then
      D = 255
      Writeeeprom D , A
    End If
  Loop Until D = 255
Loop

Sub Receivemorse
  C = 1
```

```
Do
   Shift C , Left
   Do
   Loop Until S1 = 0
   T = 0
   Do
     For M = 1 To 10
       For N = 1 To 250
'ca. 520 kHz
           Led1 = 1
           Led1 = 0
         Next N
         Waitms 1
       Next M
       T = T + 1
   Loop Until S1 = 1
   ' Pwm0b = 0
   Waitms 10
   If T > 15 Then
       C = C + 1
   End If
   Shift B , Left
   T = 0
   Do
     Waitms 10
     T = T + 1
   Loop Until S1 = 0 Or T > 25
  Loop Until T > 25
End Sub


Sub Sendmorse
If C = 1 Then
  Waitms 300
Else
  J = 1
  Do
    Shift C , Left
    B = C And 128
    J = J + 1
  Loop Until B = 128
  Do
    Shift C , Left
    J = J + 1
    B = C And 128
    If B = 128 Then
      For T = 1 To 240
```

```
         For N = 1 To 250
'ca. 520 kHz
            Led1 = 1
            Led1 = 0
         Next N
         Waitms 1
'ca 1 kHz AM
      Next T
    Else
      For T = 1 To 80
        For N = 1 To 250
'ca. 520 kHz
            Led1 = 1
            Led1 = 0
        Next N
        Waitms 1
'ca 1 kHz AM
      Next T
    End If
    Waitms 100
  Loop Until J = 8
End If
End Sub
```

5 Mikro-TPS für den Sparrow

Nachdem mit der binären Telegraphie eine passende Eingabemethode für den Sparrow entwickelt wurde kam die Frage auf, ob man damit nicht wenigstens eine ganz kleine Tastenprogrammierbare Steuerung (TPS) realisieren könnte. Einschränkungen ergeben sich aus den wenigen Portleitungen und aus dem begrenzten Speicher. Und tatsächlich hat sich gezeigt, dass der Programmspeicher des Tiny13 schnell voll wird. Hier eine erste Version der Mikro-TPS.

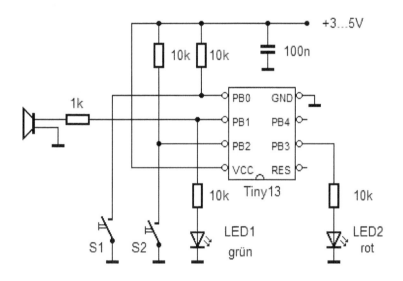

Video: **http://youtu.be/MKM-CHtdWxg**

5.1 Sparrow_TPS1

Wie gewohnt hat das Programm eine Tonausgabe für die binäre Telegraphie. Der Anwender drückt beim Start auf S1 um den Programmiermodus zu starten. LED2 geht an um die Eingabe des ersten Befehls anzuzeigen. Man gibt zuerst das 4-Bit Kommando ein, dann die 4-Bit Daten. Während der Datenausgabe ist LED2 aus, danach geht sie für die nächste Befehls-Eingabe wieder an. Das erleichtert die Orientierung. Nach der letzten Eingabe tippt man FF ein um den Programmiermodus zu beenden. Nach der Eingabe oder nach dem Start ohne Eingabe gibt die TPS das eigegebene Programm zunächst akustisch aus, damit man eine Kontrolle hat ob alles richtig eingegeben wurde. danach wird das eingegebene Programm ausgeführt. In dieser Version ist nur der Ausgang B3 (1 8 = LED2 an) nutzbar, weil LED1 als Sound-Ausgang konfiguriert wurde.

Es existieren nur drei Befehle:
1, Portausgabe an Port B
2, Wartezeit 1ms bis 60 s
3, Sprung zurück

Direkt laden: http://tiny.systems/categorie/cheepit/TPS1.html

```
'Sparrow_TPS1.bas
'Dit 100 ms = 0, Dah 300 ms = 1, Low Bit first
regfile = "attiny13.dat"
$crystal = 1200000
$hwstack = 8
$swstack = 4
$framesize = 4

Led1 Alias Portb.1
Led2 Alias Portb.3
S1 Alias Pinb.0
S2 Alias Pinb.2
Config Portb = &B000011010

Dim D As Byte
Dim T As Byte
Dim B As Byte
Dim C As Byte
Dim A As Byte
Dim Addr As Byte
Dim Eebyte As Byte
Dim Dat As Byte
Dim Kom As Byte
Dim Adrhi As Byte
Dim Adrlo As Byte
Dim Adrret As Byte
'Dim Prog As Byte
Dim Dd As Word
Dim Times(16) As Word
Dim Delaytime As Word
```

```
Dta:
Data 1% , 2% , 5% , 10% , 20% , 50% , 100% , 200% ,
500% , 1000% , 2000% , 5000% , 10000% , 20000% ,
30000% , 60000%



Declare Sub Receivebinary
Declare Sub Sendbinary

' Timer 0 is configured for Sound at OC0B / PB1
Config Timer0 = Pwm , Prescale = 8 , Compare B Pwm =
Clear Up

If S1 = 0 Then
 Receivebinary
 A = 0
 Do
 Led2 = 1
 Receivebinary
 D = C * 16
 Led2 = 0
 Receivebinary
 C = C And 15
 D = D + C
 Writeeeprom D , A
 A = A + 1
 Loop Until D = 255

'Else
 ' Dat = &H12 : Writeeeprom Dat , 0 'Dout=2
 ' Dat = &H29 : Writeeeprom Dat , 1 '1000 ms
 ' Dat = &H18 : Writeeeprom Dat , 2 'Dout=8
 ' Dat = &H29 : Writeeeprom Dat , 3 '1000 ms
 ' Dat = &H34 : Writeeeprom Dat , 4 'Adr = Adr - 4
End If

A = 0
Do
 Readeeprom Eebyte , A
 If Eebyte < 255 Then
 Led2 = 1
 C = Eebyte / 16
 Sendbinary
 Waitms 500
```

```
  Led2 = 0
  C = Eebyte And 15
  Sendbinary
  A = A + 1
  Waitms 500
  End If
Loop Until Eebyte = 255


  Addr = 0
  Do
  Readeeprom Eebyte , Addr
  Addr = Addr + 1
  Dat = Eebyte And 15
  Kom = Eebyte / 16
  If Kom = 1 Then '1: Direkte Portausgabe
  Portb = Dat Or &B11100101
  End If
  If Kom = 2 Then
  Restore Dta
  Delaytime = Lookup(dat , Dta)
  Waitms Delaytime '2: Wartezeit
  End If
  If Kom = 3 Then '3: Sprung - relativ
  Addr = Addr - 1
  Addr = Addr - Dat
  End If
  If Kom = 4 Then
  A = Dat
  End If
  Loop


Sub Receivebinary
  C = 0
  B = 1
  Do
  Do
  Loop Until S1 = 0
  Pwm0b = 80
  T = 0
  Do
  Waitms 10
  T = T + 1
  Loop Until S1 = 1
  Pwm0b = 0
```

```
Waitms 10
If T > 15 Then
C = C + B
End If
Shift B , Left
T = 0
Do
Waitms 10
T = T + 1
Loop Until S1 = 0 Or T > 25
Loop Until T > 25
End Sub

Sub Sendbinary
Do
B = C And 1
If B = 1 Then
Pwm0b = 80
Waitms 300
Else
Pwm0b = 80
Waitms 100
End If
Pwm0b = 0
Waitms 100
Shift C , Right
Loop Until C = 0
End Sub
```

5.2 Sparrow_TPS2

Die zweite Version der Mikro-TPS kennt mehr Befehle, hat dafür aber eine sehr spartanische Eingabe. Diesmal wurde auf die Tonausgabe und auf das Auslesen des Programms verzichtet. Man muss das Programm also mit voller Konzentration "blind" eingeben, was aber wegen der einfachen 4-Bit-Eingaben gelingt. Der eingesparte Speicherplatz wurde für weitere Befehle genutzt. Die Ausgabe-Bits wurden umsortiert, sodass man nun drei Ausgabeports hat.

Für einen Neustart des TPS-Programms kann man übrigens die Reset-App verwenden: **http://tiny.systems/categorie/cheepit/Reset.html**

Die verfügbaren TPS-Befehle:

1,   Portausgabe an Port B, 1=B1, 2=B3, 4 =B4

2,   Wartezeit 1ms bis 60 s

3,   relativer Sprung zurück

4,   A

5 2, C=A

8,   AdrHi

9,   AdrLo, absoluter Sprung

A,   C-mal

C 4, Skip if S1=1

C 5, Skip if S2 =1

Programmbeispiele:

Gegentaktblinker: 11 28 12 28 34

RS-Schalter S1, S2:   C5 12 C4 11 34

Zeitschalter S2, 1 min: C5 93 32 13 2F 10 36

http://tiny.systems/categorie/cheepit/TPS2.html

```
'Sparrow_TPS2.bas
'Dit 100 ms = 0, Dah 300 ms = 1, Low Bit first
$regfile = "attiny13.dat"
$crystal = 1200000
$hwstack = 8
$swstack = 4
$framesize = 4

Led1 Alias Portb.1
Led2 Alias Portb.3
S1 Alias Pinb.0
S2 Alias Pinb.2
Config Portb = &B000011010

Dim D As Byte
Dim T As Byte
Dim B As Byte
Dim C As Byte
Dim A As Byte
Dim Addr As Byte
Dim Eebyte As Byte
Dim Dat As Byte
Dim Kom As Byte
Dim Adrhi As Byte
```

```
Dim Adrlo As Byte
Dim Adrret As Byte
'Dim Prog As Byte
Dim Dd As Word
Dim Times(16) As Word
Dim Delaytime As Word

Dta:
Data 1% , 2% , 5% , 10% , 20% , 50% , 100% , 200% ,
500% , 1000% , 2000% , 5000% , 10000% , 20000% ,
30000% , 60000%

Declare Sub Receivebinary
Declare Sub Sendbinary

' Timer 0 is configured for Sound at OC0B / PB1
' Config Timer0 = Pwm , Prescale = 8 , Compare B Pwm
= Clear Up

If S1 = 0 Then
 Receivebinary
 A = 0
 Do
 Led2 = 1
 Receivebinary
 D = C * 16
 Led2 = 0
 Receivebinary
 C = C And 15
 D = D + C
 Writeeeprom D , A
 A = A + 1
 Loop Until D = 255
End If

 Addr = 0
 Do
 Readeeprom Eebyte , Addr
 Addr = Addr + 1
 Dat = Eebyte And 15
 Kom = Eebyte / 16
 If Kom = 1 Then '1: Direkte Portausgabe
 Led1 = Dat.0
 Led2 = Dat.1
 Portb.4 = Dat.2
 End If
 If Kom = 2 Then
```

```
Restore Dta
Delaytime = Lookup(dat , Dta)
Waitms Delaytime '2: Wartezeit
End If
If Kom = 3 Then '3: Sprung - relativ
Addr = Addr - 1
Addr = Addr - Dat
End If
If Kom = 4 Then
A = Dat
End If
If Kom = 5 Then
If Dat = 2 Then C = A
End If
If Kom = 8 Then
Adrhi = Dat 'Oberes Nibble der Adresse
End If
If Kom = 9 Then
Addr = Adrhi * 16 'Springe absolut 0...255
Addr = Addr + Dat
End If
If Kom = 10 Then
C = C - 1
C = C And 15
If C > 0 Then 'C-mal
Addr = Adrhi * 16 'Springe absolut 0...255
Addr = Addr + Dat
End If
End If
If Kom = 12 Then
If Dat = 4 Then
If S1 = 1 Then Addr = Addr + 1
End If
If Dat = 5 Then
If S2 = 1 Then Addr = Addr + 1
End If
End If
Loop

Sub Receivebinary
 C = 0
 B = 1
 Do
 Do
 Loop Until S1 = 0
 ' Pwm0b = 80
 T = 0
```

```
Do
Waitms 10
T = T + 1
Loop Until S1 = 1
' Pwm0b = 0
Waitms 10
If T > 15 Then
C = C + B
End If
Shift B , Left
T = 0
Do
Waitms 10
T = T + 1
Loop Until S1 = 0 Or T > 25
Loop Until T > 25
End Sub
```

5.3 Der Sparrow-Bot

Zwei sparsame Motoren wurden direkt an Port B1 (grün) und B3 (rot) angeschlossen. Auf die Achsen wurden kurze Abschnitte weicher Drahtisolierung geschoben. Das sind nun die Räder, ein getriebefreier Antrieb. Hinten wird der Robbi von einer Kufe aus Draht geführt.

Alles zusammen mit dem Li-Akku auf ein Stückchen Schrottplatine gebunden, fertig ist der Sparrow-Bot. Die Software ist ganz einfach und wurde mit Bascom geschrieben:

http://tiny.systems/categorie/cheepit/SparrowBot.html

```
'ATtiny13 Sparrow_Bot1.bas
$regfile = "attiny13.dat"
$crystal = 1200000
$hwstack = 8
$swstack = 4
$framesize = 4

Config Portb = &B000011010

Led1 Alias Portb.1
Led2 Alias Portb.3
S1 Alias Pinb.0
S2 Alias Pinb.2

Led1 = 0
Led2 = 0
Do
 Led1 = 1
 Led2 = 1
 Waitms 500
 Led1 = 0
 Led2 = 0
 Waitms 500
 Led1 = 1
 Waitms 500
 Led1 = 0
 Waitms 500
Loop
End
```

Aber mit der TPS geht es noch besser und hat den Vorteil, dass man das Programm jederzeit auf dem Parkett verändern kann. Das Programm besteht nur aus vier Ausgaben und vier Wartezeiten. Auf den Rücksprung kann verzichtet werden, denn der gelöschte Speicher enthält durchgehend FF, was nicht ausgeführt wird und am Ende wieder zum Anfang führt:

13 29 10 29 11 29 10 29

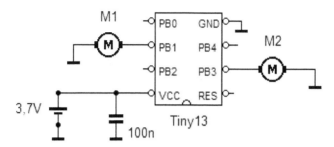

Ganz ohne Motortreiber, ist das denn möglich? Es ist! Und zwar wenn die Motoren extrem sparsam sind. Hier handelt es sich um Gleichstrommotoren aus Franzis-Lernpaketen, die in ähnlicher Art auch in Kassettenrekordern und in manchen CD-Laufwerken zu finden sind. Diese Motoren sind sehr leichtgängig und haben einen Leerlaufstrom von nur etwa 10 mA und eine Anlaufspannung von 0,6 V. Das Ohmmeter zeigt einen Gleichstromwiderstand von 60 Ohm. Ein solcher Motor darf direkt an einen Port des Mikrocontrollers angeschlossen werden. Offiziell erlaubt sind laut Datenblatt Ströme bis 40 mA. Bei einer Batteriespannung von 3,7 V käme man bei stehendem Motor theoretisch maximal auf ca. 60 mA (bis 80 mA wurden schon ohne Schaden getestet). In der Praxis beträgt der Motorstrom nur etwa 20 mA.

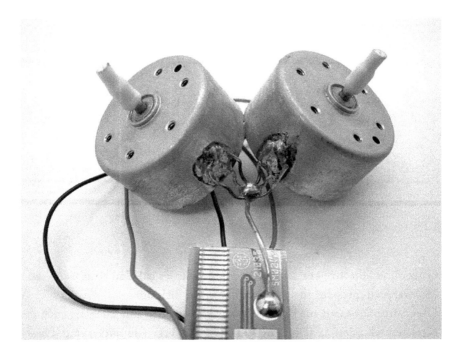

Auf die Achsen der Motoren wurden kurze Abschnitte einer weichen Kabel-Isolierung geschoben. Das sind nun die Gummiräder des Roboters. Mit ihrem geringen Durchmesser erhält man eine moderate Geschwindigkeit auch bei hoher Drehzahl, sodass die Motoren sehr leicht und mit wenig Strom laufen. Und das ganz ohne Getriebe und ohne den üblichen Lärm, den andere Roboter verbreiten. Allerdings ist dieser Robbi auf einen ebenen Untergrund angewiesen. Die Motoren wurden mit Draht an die Trägerplatine als Fahrzeug-Chassis gelötet. So kann man sie leicht ausrichten.

6 Sparrow-Apps mit Viertbit-Anzeigen

Eine LED steht im Normalfall für ein Bit. Mit den beiden LEDs auf dem Sparrow kann man daher eine 2-Bit-Anzeige realisieren und Zahlen zwischen Null und Drei darstellen. Aber es geht auch anders. Zwei Bit pro LED sind machbar, wenn man bestimmte Blinkmuster zusätzlich verwendet: 0 = Aus, 1 = Kurze Lichtblitze, 2 = Langes Blinken, 3 = An. Insgesamt hat man jetzt vier Bit an zwei LEDs und kann Zahlen im Bereich 0...15 darstellen. Damit lassen sich viele nützliche Apps entwickeln.

6.1 Up/Down-Counter 0...15

Oft will man irgendwelche Ereignisse, Dinge oder Personen zählen und sich dabei nicht allein auf den eigenen Kopf verlassen. Wenn man dann teilweise auch noch rückwärts zählen muss wird es noch schwieriger. Wie viele Leute sind in den Raum gegangen, und einige kamen zwischendurch wieder raus. Eine Sparrow-App kann helfen. Die Anzeige nutzt zwei Bits pro LED (0 = Aus, 1 = kurze Lichtblitze, 2 =langes Blinken, 3 = An). Der Zähler wird mit S2 um eins erhöht und mit S1 um eins verringert. Die beiden LEDs zeigen den momentanen Zählerstand im Bereich 0...15. Beispiel: LED2 zeigt kurze Blitze (1 x 4), LED1 zeigt Dauer-An (3), der Zählerstand ist 7. Nach dem Neustart lautet der Zählerstand übrigens 15 (beide LEDs an), einfach nur damit man sieht, die App ist aktiv. Ein Druck auf S2 erzeugt einen Zähler-Überlauf und setzt damit den Zählerstand auf Null. Der Up/Down-Counter ist bereit.

http://tiny.systems/categorie/cheepit/SparrowCounter.html

```
'ATtiny13 Sparrow Up/Down Counter 0...15
$regfile = "attiny13.dat"
$crystal = 1200000
$hwstack = 8
$swstack = 4
$framesize = 4
Config Portb = &B000011010

Dim N As Byte
```

```
Dim H As Byte
Dim L As Byte
Led1 Alias Portb.1
Led2 Alias Portb.3
S1 Alias Pinb.0
S2 Alias Pinb.2

Do
  If S2 = 0 Then
    Waitms 50
    N = N + 1
    Do
    Loop Until S2 = 1
    Waitms 50
  End If
  If S1 = 0 Then
    Waitms 50
    N = N - 1
    Do
     Loop Until S1 = 1
    Waitms 50
  End If
  L = N And 3
'Anzeige N = 0...15
  H = N
  Shift H , Right , 2
  H = H And 3
  If L = 0 Then Led1 = 0 Else Led1 = 1
  If H = 0 Then Led2 = 0 Else Led2 = 1
  Waitms 50
  If L < 2 Then Led1 = 0
  If H < 2 Then Led2 = 0
  Waitms 100
  If L < 3 Then Led1 = 0
  If H < 3 Then Led2 = 0
  Waitms 100
Loop
End
```

6.2 Sparrow-Watch bis vier Stunden

Hier geht es nicht eigentlich um die Uhrzeit sondern um eine einfache und übersichtliche Zeitmessung. Eine Tätigkeit soll z.B. möglichst nicht länger als zwei Stunden dauern. Auf ein paar Minuten kommt es nicht an, aber deutlich mehr ist nicht geplant. Da reicht eine Auflösung von Viertelstunden. Die Uhr ist ganz einfach abzulesen (0 = Aus, 1 = kurze Lichtblitze, 2 =langes Blinken, 3 = An). Die rote LED zeigt volle Stunden, die grüne LED Viertelstunden. Und es gibt einen Taster, um die Uhr auf Null zu setzen und damit neu zu starten. Nach einem Neustart steht die Uhr zunächst nicht auf Null sondern auf 1 Stunde, einfach damit man sieht, dass das Programm aktiv ist. Ein Druck auf S2 setzt die Uhr zurück. Beide LEDs sind aus. Nach einer Viertelstunde zeigt die grüne LED ihr kurzes Blitzen, nach einer halben Stunde das längere Blinken. Diese Uhr kann man auch auf langwierige Besprechungen mitnehmen. Dabei kann es von Vorteil sein, dass nicht jeder sie lesen kann. Und man ist ja nicht so unhöflich, dauernd auf die Uhr zu schauen. Trotzdem behält man den Überblick. Rot aus, Grün zeigt langes Blinken: Der Chef redet jetzt schon seit einer halben Stunde...

http://tiny.systems/categorie/cheepit/SparrowWatch.html

```
'ATtiny13 Sparrow Watch 0...4 h
$regfile = "attiny13.dat"
$crystal = 1200000
$hwstack = 8
$swstack = 4
$framesize = 4
Config Portb = &B000011010

Dim T As Word
Dim N As Byte
Dim H As Byte
Dim L As Byte

Led1 Alias Portb.1
Led2 Alias Portb.3
S1 Alias Pinb.0
S2 Alias Pinb.2

N = 4

Do
 For T = 1 To 3600
'3600*250 ms = 15 Min
  If S2 = 0 Then
'Time Reset
    Waitms 50
```

```
     T = 0
     N = 0
     Do
     Loop Until S2 = 1
     Waitms 50
   End If
   L = N And 3
'Anzeige N = 0...15
   H = N
   Shift H , Right , 2
   H = H And 3
   If L = 0 Then Led1 = 0 Else Led1 = 1
   If H = 0 Then Led2 = 0 Else Led2 = 1
   Waitms 50
   If L < 2 Then Led1 = 0
   If H < 2 Then Led2 = 0
   Waitms 100
   If L < 3 Then Led1 = 0
   If H < 3 Then Led2 = 0
   Waitms 100
  Next T
  N = N + 1
Loop
End
```

6.3 Das Sparrow-LED-Voltmeter

Es geht um ein einfaches Voltmeter, also um die Messung und Anzeige von Spannungen. Die Messung selbst ist einfach, denn dafür gibt es ja den 10-Bit AD-Wandler und den freien Pin B4 (=ADC2).

```
Config Adc = Single , Prescaler = Auto
Start Adc
U = Getadc(2)
```

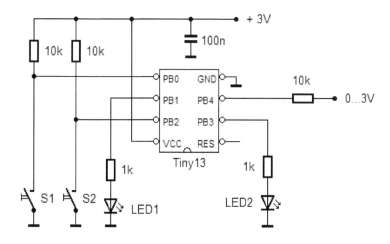

Bleibt das Problem der Anzeige. Es gibt bereits mehrere Lösungen, eine davon ist die Vierbit-Anzeige mit zwei LEDs. Eine LED steht im Normalfall für ein Bit. Zwei Bit pro LED sind machbar, wenn man bestimmte Blinkmuster zusätzlich verwendet: 0 = Aus, 1 = kurze Lichtblitze, 2 = langes Blinken, 3 = An. Insgesamt hat man jetzt vier Bit an zwei LEDs und kann Zahlen im Bereich 0...15 darstellen. Das Ablesen erfordert etwas Übung, weil man praktisch eine Binärzahl liest. Wer das Verfahren vorab auf seine Praxistauglichkeit testen will kann z.B. den Sparrow Up/Down-Counter ausprobieren.

Für das Voltmeter bedeutet die Beschränkung auf 15 Ausgabestufen eine Auflösung von 0,2 V und eine Endspannung von 3 V bei entsprechender Betriebsspannung. Genau genommen muss die Betriebsspannung 3,2 V betragen, was bei zwei ganz frischen Alkalizellen gerade passt. Die Messspannung kann direkt am Anschluss B4 zugeführt werden, besser ist aber ein Schutzwiderstand von 10 kΩ in Reihe zum Messkabel.

Das folgende Programm zeigt eine erste mögliche Lösung. Der Messwert U wird durch 64 geteilt um die Auflösung auf vier Bit zu reduzieren. In N wird dann ein Wert im Bereich 0 bis 15 weiter verarbeitet und zur Anzeige gebracht. Trotz der geringen Auflösung der Anzeige hat das Messgerät einen praktischen Nutzen. Man kann es nämlich nach etwas Übung aus dem Augenwinkel ablesen, während man auf das Messobjekt und die Messkabel schaut.

```
'ATtiny13 Sparrow Spannung 0...15
$regfile = "attiny13.dat"
$crystal = 1200000
$hwstack = 8
$swstack = 4
$framesize = 4

Dim U As Word
Dim N As Byte
Dim H As Byte
Dim L As Byte

Led1 Alias Portb.1
Led2 Alias Portb.3
S1 Alias Pinb.0
S2 Alias Pinb.2
Config Portb = &B000001010

Config Adc = Single , Prescaler = Auto
Start Adc

Do
  U = Getadc(2)
  U = U / 64
  N = U
  L = N And 3
  H = N
  Shift H , Right , 2
  H = H And 3
  If L = 0 Then Led1 = 0 Else Led1 = 1
  If H = 0 Then Led2 = 0 Else Led2 = 1
  Waitms 50
  If L < 2 Then Led1 = 0
  If H < 2 Then Led2 = 0
  Waitms 100
  If L < 3 Then Led1 = 0
  If H < 3 Then Led2 = 0
  Waitms 100
Loop

End
```

6.4 Messbereichsumschaltung

Das AD-Wandler des Tiny13 kann wahlweise die interne Referenz von 1,1 V verwenden oder die Betriebsspannung VCC. Mit einem einfachen Spannungsteiler am Eingang kommt man daher auf einen Messbereich von 1,5 V oder bei passender Betriebsspannung von 4,5 V auf einen Messbereich von ca. 6 V. Für mehr Genauigkeit müsste man noch ein Poti einbauen, aber für einfache Messungen und zur Erläuterung des Messprinzips reichen zwei Festwiderstände. Damit hat man zugleich einen Überspannungsschutz. Eine zu große oder eine negative Eingangsspannung würde durch die internen Schutzdioden am Eingang begrenzt.

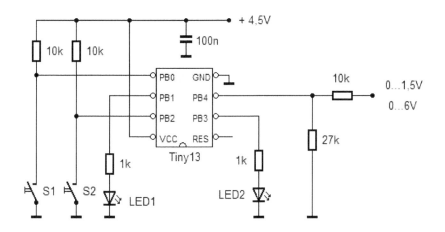

Für die Umschaltung kann man die beiden Taster S1 (kleiner Bereich) und S2 (großer Bereich) verwenden. Dabei wird jeweils der AD-Wandler neu konfiguriert. Zur Verdeutlichung der Umschaltung soll während des Tastendrucks jeweils eine der beiden LEDs leuchten.

http://tiny.systems/categorie/cheepit/LEDVoltmeter.html

```
'ATtiny13 Sparrow Spannung 1,1V/VCC
$regfile = "attiny13.dat"
$crystal = 1200000
$hwstack = 8
$swstack = 4
$framesize = 4
```

```
Dim U As Word
Dim N As Byte
Dim H As Byte
Dim L As Byte

Led1 Alias Portb.1
Led2 Alias Portb.3
S1 Alias Pinb.0
S2 Alias Pinb.2
Config Portb = &B000001010


Config Adc = Single , Prescaler = Auto
Start Adc

Do
  If S2 = 0 Then
    Config Adc = Single , Prescaler = Auto ,
Reference = Internal
    Start Adc
    Led1 = 1
    Led2 = 0
    Waitms 300
    Do
    Loop Until S2 = 1
    Waitms 10
    Led1 = 0
  End If
  If S1 = 0 Then
    Config Adc = Single , Prescaler = Auto ,
Reference = Avcc
    Start Adc
    Led2 = 1
    Led1 = 0
    Waitms 300
    Do
    Loop Until S1 = 1
    Waitms 10
    Led2 = 0
  End If
  U = Getadc(2)
  U = U / 64
  N = U
  L = N And 3
  H = N
  Shift H , Right , 2
```

```
  H = H And 3
  If L = 0 Then Led1 = 0 Else Led1 = 1
  If H = 0 Then Led2 = 0 Else Led2 = 1
  Waitms 50
  If L < 2 Then Led1 = 0
  If H < 2 Then Led2 = 0
  Waitms 100
  If L < 3 Then Led1 = 0
  If H < 3 Then Led2 = 0
  Waitms 100
Loop
End
```

Die Umschaltung der Messbereiche arbeitet wie ein RS-Flipflop. Damit hat man auch einen Berührungspunkt mit der digitalen Elektronik (vgl. Kap 8.2). Aber auch physikalische und technische Aspekte sind enthalten (Spannungsteiler, AD-Wandler, Binärzahlen), sodass das Gerät in verschiedensten Zusammenhängen im Unterricht eingesetzt werden kann. Und nicht zuletzt ist es ein kleines und vielseitiges Messgerät für die verschiedensten Anwendungen von der Batterieüberwachung bis zu Messwertanzeige unterschiedlicher physikalischer Größen.

7 Sparrow-Peripherie und Sensoren

Der Sparrow ist ein komplettes kleines Mikrocontroller-System, das in ganz unterschiedlichen Hardware-Zusammenhängen verwendet werden kann. Besonders interessante Anwendungen ergeben sich mit Sensoren. Der Sparrow kann auf Reize aus der Umwelt reagieren und sinnvolle Dinge ausführen.

7.1 Sparrow_TouchB4

Wenn man B4 berührt geht die rote LED für fünf Sekunden an. Es reicht einen Draht anzuschließen, den man nur außen an seiner Isolierung berührt. Oder man verwendet eine isolierte Metallfläche als kapazitiven Näherungssensor. Das Programm wertet die geringe Kapazitätsänderung am Port B4 aus. B4 wird während der Messung über den hochohmigen Pullup aufgeladen. Sofort nach dem Einschalten des Pullup wird der Eingangszustand des Pins abgefragt.

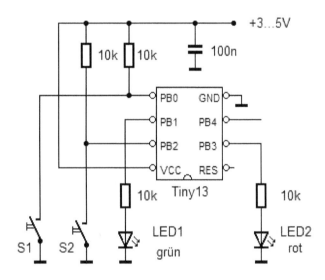

Die Frage ist, schafft der Pullup eine so schnelle Aufladung, dass schon ein 1-Pegel gelesen wird? Das hängt von der Geschwindigkeit der Abfrage und der Kapazität am Port ab. Wenn hier ein Draht angeschossen ist und man diesen außen an der Isolierung berührt steigt die Kapazität etwas, die Aufladung wird langsamer. Normalerweise reicht das aber noch nicht für einen Null-Zustand beim Lesen. Deshalb wird hier der ganze Controller auf 2,4 MHz hochgetaktet. Damit ist ein eindeutiger Unterschied messbar.

http://tiny.systems/categorie/cheepit/TouchSensor.html

```
'Sparrow_TouchB4.bas
$regfile = "attiny13.dat"
$crystal = 2400000
$hwstack = 8
$swstack = 4
$framesize = 4

Dim D As Byte

  Clkpr = 128
'2,4 MHz
  Clkpr = 2
  Clkpr = 2
  nop
  nop
  nop
Do
  Ddrb.4 = 1
  Portb.4 = 0
  Ddrb.3 = 0
  Portb.3 = 0
  Ddrb.4 = 0
  Portb.4 = 1
  D = Pinb.4
  Portb.4 = 0
  Ddrb.4 = 1
  If D = 0 Then
    Portb.3 = 1
    Ddrb.3 = 1
    Wait 5
    Portb.3 = 0
    Ddrb.3 = 0
    Waitms 2
  End If
Loop
```

7.2 Sparrow_LichtAlarm

Diese Alarmanlage wertet kleinste Änderungen der Helligkeit aus. Da ist kein direkter Schattenwurf erforderlich, es reicht schon, dass jemand sich irgendwo an einem Fenster vorbeischleicht, eine Tür öffnet oder eine Taschenlampe benutzt. Bei jeder schnellen Änderung der Helligkeit geht für einige Sekunden die grüne LED an. Langsame Änderungen werden dagegen toleriert.

Üblicherweise setzt man für solche Aufgaben einen Fotowiderstand oder einen Fototransistor ein. Hier jedoch wird eine LED auf dem Sparrow zugleich als Lichtsensor verwendet. Eine LED ist zugleich eine Fotodiode und kann wahlweise in Sperrrichtung oder in Durchlassrichtung als Fotoelement verwendet werden.

Das Programm wertet die Spannung an der roten LED aus und mittelt jeweils 64 Messwerte um eventuelles Lampenflackern zu eliminieren. Die schon gemittelten Messwerte werden dann noch einmal wie mit einem Tiefpassfilter geglättet. Wenn sich die tatsächliche Helligkeit nur langsam ändert sind der geglättete und der aktuelle Messwert gleich. Aber bei plötzlichen Änderungen zeigt sich ein Unterschied, der den Alarm auslöst.

http://tiny.systems/categorie/cheepit/LichtAlarm.html

```
'Sparrow_LichtAlarm.bas
'K an PB4, A über 1 k an PB3
'LED1 leuchtet bei schzneller Änderung der Helligkeit

$regfile = "attiny13.dat"
$crystal = 1200000
Baud = 9600
$hwstack = 8
$swstack = 4
$framesize = 4

Dim D As Word
Dim E As Word
Dim M As Word
Dim N As Byte
```

```
Dim I As Byte
Dim T As Word
Led1 Alias Portb.1
Led2 Alias Portb.3
S1 Alias Pinb.0
S2 Alias Pinb.2

Config Portb = &B00010010
'Config Timer0 = Pwm , Prescale = 8 , Compare B Pwm =
Clear Up
Config Adc = Single , Prescaler = Auto
Start Adc

Do
  D = M
  Shift D , Right , 4
  M = M - D                    'Tiefpass-Mittelwert *
(1 -1 / 16)
  D = 0
  For N = 1 To 64
     D = D + Getadc(3)
     Waitus 160
  Next N
  Shift D , Right , 6          'Gemittelter Messwert
  M = M + D                    'Tiefpass-Mittelwert +
Messwert
  E = M
  Shift E , Right , 4
'  Pwm0b = D                   'Ausgabe nur zum
Debuggen
  If D > E Then                'Schnelle Änderungen
auswerten
     D = D - E
     If D > 2 Then T = 100     'Alarm-Haltezeit
  Else
     E = E - D
     If E > 2 Then T = 100     'Alarm-Haltezeit
  End If
  If T > 0 Then T = T - 1
  If T > 1 Then
     Led1 = 1
  Else
     Led1 = 0
  End If
Loop
End
```

7.3 LED-Leuchte mit IR-Fernbedienung

Da gab es eine LED-Lichterkette mit Batteriefach für eine indirekte
Beleuchtung hinter dem Fernseher mit einem großen Nachteil: Den
Fernseher kann man mit der Fernbedienung abschalten, aber die
Lichterkette nicht. Eine Fernbedienung für die Lichterkette wäre eine feine
Sache. Aber da steht auch ein Radio, ebenfalls mit Fernbedienung. Da sind
es schon zwei, noch eine weitere Fernbedienung würde stören.

Ideal wäre es, wenn jede beliebige Infrarot-Fernbedienung auch die LED-
Lichter ein- und ausschalten könnte. Und das geht! Auf den Sparrow wird
ein üblicher IR-Empfänger gelötet. Das Empfangssignal geht an B0, parallel
zu S1. Da es ebenfalls aktiv low schaltet passt beides zusammen. Alles wird
nun über einen Li-Akku aus einem defekten Smartphone betrieben.

Die Software soll einen langen Tastendruck auf der Infrarot-Fernbedienung
auswerten und den LED-Ausgang dann umschalten. Normalerweise wird
jede Taste nur kurz gedrückt, darauf reagiert der Sparrow nicht. Man kann

aber eine Taste lang drücken, die für den Fernseher oder das Radio gerade keine Funktion hat. Beim Radio verwende ich z.B. eine Taste für den CD-Player, der gerade nicht aktiv ist. Oder der Fernseher ist gerade nicht an, da kann ich ja die Kanal-1-Taste verwenden. Wie lange es genau dauert hängt von der jeweiligen Fernbedienung und ihrem Protokoll ab. Das Programm wartet nämlich einfach nur auf 500 irgendwelche Impulse. Das kommt dann ungefähr auf eine Sekunde. Man drückt einfach so lange, bis die angeschlossene LED an- oder ausgeht. Zusätzlich kann man die LEDs auch mit der Taste S2 schalten. Man kennt das ja, manchmal ist die Fernbedinung gerade unauffindbar. Die Taktrate ist auf 300 kHz herabgesetzt, damit das Gerät auch im Aus-Zustand möglichst wenig Strom braucht. Zusammen mit dem IR-Empfänger kommt man nun auf etwa 1 mA.

http://tiny.systems/categorie/cheepit/InfrarotLED

```
'Sparrow_IR_Toggle.bas
'TSOP IR-RX an B0
$regfile = "attiny13.dat"
$crystal = 1200000
$hwstack = 8
$swstack = 4
$framesize = 4

Led1 Alias Portb.1
Led2 Alias Portb.3
S1 Alias Pinb.0
S2 Alias Pinb.2
Config Portb = &B000011010

Dim T1 As Word
Dim T2 As Word
Dim N As Word

Clkpr = 128                      '300 kHz
Clkpr = 5
Clkpr = 5

Led1 = 1

Do
  T1 = 0
  Do
```

```
    T1 = T1 + 1
    If T1 > 1000 Then N = 0     '>100 ms Pause =
Rücksetzen
    Waitus 100
    If S2 = 0 Then              'Alternative Bedienung
mit S2
       Toggle Led1
       Waitms 50
       Do
       Loop Until S2 = 1
       Waitms 50
    End If
  Loop Until S1 = 0             'IR-Puls Start
  Do
    Waitus 100
  Loop Until S1 = 1             'IR-Impuld Ende
  N = N + 1                     'IR-Impulse zählen
  If N > 500 Then               '500 Impulse = lang
gesdrückt
     Toggle Led1                'AUS AN AUS AN
     N = 0
  End If
Loop
```

7.4 Das Sparrow-Schlafradio

Das Schlafradio basiert auf dem BK1068-Breakout-Board
(http://www.elexs.de/FMradio1.html). Senderabstimmung,
Lautstärkeverstellung, Power-Down. NF-Endverstärker, all das ist ja schon
vorhanden, sodass ein Radio mit dieser Platine sehr einfach zu bauen ist.
Wenn dann noch alles mit einem Mikrocontroller gesteuert wird, hat man
ganz andere Möglichkeiten. Hier geht es um das gute Einschlafen. Das
Radio soll eine halbe Stunde lang laufen, dann immer leiser werden und
schließlich abschalten. So kann es beim Übergang in die Nacht helfen.

Dass gerade der Sparrow für dieses Projekt ausgesucht wurde hat seinen
Sinn. Dieser kleine Controller kann nämlich problemlos mit auf die Platine
gesteckt werden. Die wichtigsten Bedienelemente sind schon vorhanden.
Man muss nur einmal das Programm aufspielen, dann geht es los.

Das Radio selbst hat zwei Tasten für die Senderwahl. Aber die Lautstärke (Vol) wird nun vom Mikrocontroller bedient, genau wie die Power-Down-Funktion (On).

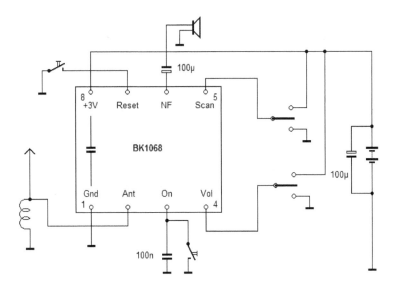

Damit beide Platinen zusammen auf ein Steckboard passen muss der Sparrow zwei Pfostenleisten mit insgesamt acht Anschlüssen bekommen. Alle Anschlüsse des Tiny13A sind dann auf dem Steckboard zugänglich.

Beide Platinen liegen an derselben Betriebsspannung von 3 V und sind nur über zwei weitere Leitungen verbunden. Der Vol-Eingang ist ein Tristate-Eingang, der im Ruhezustand eine mittlere Spannung von 1,5 V annimmt.

Zieht man die Spannung nach oben wird es lauter, zieht man sie nach Masse wird es leiser. Der Port B4 muss daher im Ruhezustand ein hochohmiger Eingang sein, der nur bei einer Veränderung der Lautstärke in den Ausgangszustand umgeschaltet wird und dabei entweder High oder Low wird. Gleichzeitig ist der Anschluss ein AD-Eingang und kann daher messen, ob der Radiochip sich im aktiven Zustand mit ca. 1,5 V befindet. Im Power-Down-Zustand dagegen steigt die Spannung auf 3 V.

Über den Anschluss PB3 wird die Power-Down-Funktion mit einem kurzen Low-Impuls bedient. Praktisch kann das Radio über diesen Pin ein- und ausgeschaltet werden, wobei der gerade vorhandene Zustand am Vol-Pin abgelesen werden kann.

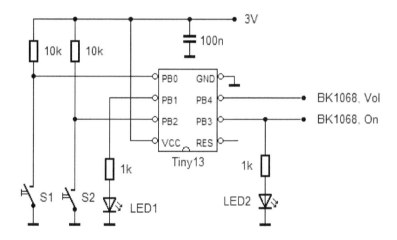

Die Bedienung ist einfach. S2 schaltet das Radio ein und erhöht die Lautstärke in insgesamt 16 Stufen. S1 dagegen reduziert die Lautstärke und schaltet das Radio schließlich ganz ab. Den Betriebszustand des Radios zeigt der Sparrow über die LED1 (grün) an. Die rote LED ist immer an, wird jedoch im Aus-Zustand des Radios in der Helligkeit reduziert, damit beide Platinen zusammen im Ruhezustand nicht mehr als 1 mA brauchen.

Das Steuerprogramm wurde in Bascom geschrieben und erklärt sich weitgehend selbst. Es gibt Prozeduren für die Grundfunktionen Lauter, Leiser, An und Aus. Die Laufzeit wird in T gemessen und beim Druck auf die Lauter-Taste zurückgesetzt. Im Aus-Zustand versetzt das Programm den Port B3 in den hochohmigen Zustand mit Pullup. Der Strom für die LED2 fließt dann über den Pullup-Widerstand im Tiny13 und über den Pullup am On-Pin des Radiochips. Das Ergebnis ist ein schwaches Standby-Leuchten der roten LED, sodass man das Radio auch im Dunkeln leicht findet. Falls man doch mal wieder aufwacht...

http://tiny.systems/categorie/cheepit/SparrowSchlafradio.html

```
'ATtiny13 Sparrow Schlafradio
$regfile = "attiny13.dat"
$crystal = 1200000
$hwstack = 8
$swstack = 4
$framesize = 4
Config Portb = &B000001010

Dim N As Byte
Dim L As Byte
Dim T As Word
```

```
Dim T2 As Word
Dim U As Word

Led1 Alias Portb.1
Led2 Alias Portb.3
S1 Alias Pinb.0
S2 Alias Pinb.2

Declare Sub An
Declare Sub Aus
Declare Sub Lauter
Declare Sub Leiser

Config Adc = Single , Prescaler = Auto
Start Adc

Waitms 100

Led2 = 1
An
Led1 = 1
For N = 1 To 16
  Lauter
Next N

Do
  If S2 = 0 Then
    An
    Waitms 50
    Lauter
    T = 0
    Waitms 100
  End If
  If S1 = 0 Then
    Leiser
    Waitms 100
  End If
  Waitms 100
  If L > 0 Then T = T + 1
  If T > 18000 Then                '30 Min
    T2 = T - 18000
```

```
    T2 = T2 Mod 50                    'Pro 5 s eine Stufe
leiser
    If T2 = 0 Then Leiser
  End If
Loop

Sub An
  U = Getadc(2)
  If U > 900 Then
    Led2 = 0
    Waitms 40
    Led2 = 1
    Waitms 40
  End If
  Led1 = 1
  Ddrb.3 = 1
End Sub

Sub Aus
  U = Getadc(2)
  If U < 900 Then
    Led2 = 0
    Waitms 40
    Led2 = 1
    Waitms 40
    L = L + 1
    If L = 16 Then L = 16
  End If
  Led1 = 0
  Ddrb.3 = 0
End Sub

Sub Lauter
  If L < 16 Then
    Portb.4 = 1 : Ddrb.4 = 1
    Waitms 50
    Ddrb.4 = 0 : Portb.4 = 0
    Waitms 50
    L = L + 1
  End If
End Sub
```

```
Sub Leiser
  If L > 0 Then
    Portb.4 = 0 : Ddrb.4 = 1
    Waitms 50
    Ddrb.4 = 0 : Portb.4 = 0
    Waitms 50
    If L > 0 Then L = L - 1
    If L = 0 Then Aus
  End If
End Sub
End
```

7.5 Der Sparrow als IR-Fernbedienung

Diese mechanisch defekte LED-Kerze mit IR-Empfänger war der Anlass
für eine Entwicklung einer Infrarot-Fernbedienung. Die originale
Fernbedienung konnte verwendet werden um die Signale zu analysieren.

Das Protokoll ist speziell. Das Gerät sendet mit 38 kHz. Am Anfang steht ein langer Impuls, später folgen dann kurze Impulse mit 0,55 ms Länge unter unterschiedlichen Pausen mit 0,55 ms oder 1,65 ms. Im Leerlauf braucht die originale Schaltung etwas über 1 mA, was auch mit Standard-IR-Empfängern und einem ATtiny zu schaffen ist.

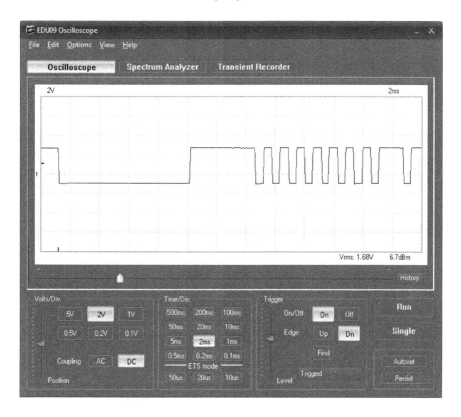

Die Fernbedienung kennt nur zwei Kommandos, An und Aus. Teilt man die Impulse in Bytes ein, sind die ersten beiden Bytes gleich, die letzten beiden unterscheiden sich.

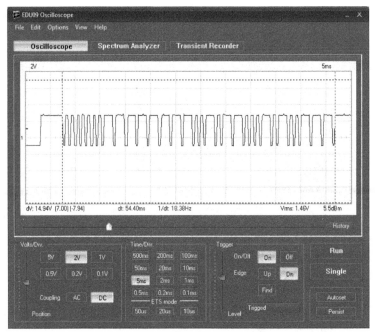

"An"

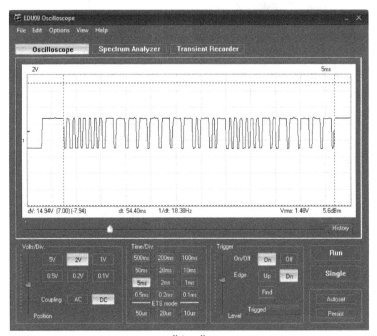

"Aus"

Das ganze lässt sich relativ einfach in Bascom nachprogrammieren. Es zeigte sich aber, dass mit etwas Verzögerung noch weitere einzelne Impulse kommen, die anscheinend auch wichtig sind. Nach einigen Versuchen ist es gelungen eine funktionierende Fernbedienung auf der Basis des Sparrow zu bauen. S1 und S2 schalten die LED-Kerze ein und aus. Die Infrarot-LED wurde direkt und ohne Vorwiderstand an B1 angeschlossen. Das ist wegen der extrem kurzen Impulse erlaubt. Die Strombegrenzung ergibt sich aus dem Innenwiderstand des Ports. Für eine größere Reichweite wäre ein Leistungstransistor besser.

```
'Sparrow_IR_Kerze.bas
$regfile = "attiny13.dat"
$crystal = 1200000
$hwstack = 8
$swstack = 4
$framesize = 4

Led1 Alias Portb.1
Led2 Alias Portb.3
S1 Alias Pinb.0
S2 Alias Pinb.2
Config Portb = &B000011010

Dim D As Byte
Dim T As Byte
Dim N As Byte

Declare Sub Ir550us
Declare Sub Ir6600us
Declare Sub Irsendbyte

Do

If S1 = 0 Then
 Ir6600us
 Waitms 5
 D = 1 : Irsendbyte
 D = 254 : Irsendbyte
 D = 88 : Irsendbyte
 D = 167 : Irsendbyte
 Ir550us
 Waitms 40
```

```
   Ir6600us
   Waitms 2
   Ir550us
   Waitms 100
   Ir6600us
   Waitms 2
   Ir550us
   Waitms 2000
 End If

 If S2 = 0 Then
  Ir6600us
  Waitms 5
  D = 1 : Irsendbyte
  D = 254 : Irsendbyte
  D = 160 : Irsendbyte
  D = 95 : Irsendbyte
  Ir550us
  Waitms 40
  Ir6600us
  Waitms 2
  Ir550us
  Waitms 100
  Ir6600us
  Waitms 2
  Ir550us
  Waitms 2000
 End If

 Loop

 Sub Ir6600us
    For T = 1 To 252
      Led1 = 1
      Waitus 2
      Led1 = 0
      Waitus 7
    Next T
 End Sub

 Sub Irsendbyte
    For N = 1 To 8
      For T = 1 To 21
        Led1 = 1
        Waitus 2
        Led1 = 0
        Waitus 7
```

```
      Next T
      Waitus 550
      If D > 127 Then Waitus 1100
      Shift D , Left
   Next N
End Sub

Sub Ir550us
  For T = 1 To 21
      Led1 = 1
      Waitus 2
      Led1 = 0
      Waitus 7
   Next T
End Sub
```

8 Assembler-Programmierung

Der Online ASM Compiler
(http://tiny.systems/article/sparrowASMCompiler.html) setzt als
Assembler den gavrasm (http://www.avr-asm-
tutorial.net/gavrasm/index_de.html) ein. Ein Open Source AVR Assembler
von Gerhard Schmidt. Die Syntax und der Funktionsumfang sind auf der
Projektseite (http://www.avr-asm-tutorial.net/gavrasm/gavrasmi.html) zu
finden.

Die Liste aller AVR Befehle findet man im AVR Instruction Set von Atmel.
Nicht alle Befehle werden von jedem AVR Controller unterstützt. Die
verfügbaren Befehle sind stets im jeweiligen Datenblatt des Controllers
aufgelistet. Entscheidend das Datenblatt des ATtiny13a.

8.1 Sparrow Online Assembler: Erste Schritte

Das Blink- Beispiel aus dem Franzis Lernpaket Mikrocontroller dient hier
als Einstiegsbeispiel. Die Anwendung unterteilt sich in drei Bereiche. Am
Anfang werden die Ausgänge initialisiert. Im mittleren Teil (Schleife)
werden abwechselnd die beiden LEDs ein- und ausgeschaltet. Am Ende
befindet sich eine verschachtelte Warteschleife die zwischen den
Schaltvorgängen aufgerufen wird. Damit ist die Blinkfrequenz gut sichtbar.
Zur Erinnerung: LED 1 hängt zwischen PB1 und Masse (leuchtet also
wenn PB1 "high ist) und LED 2 zwischen PB3 und PB4 (leuchtet wenn
PB3 "low" und PB4 "high" ist).

```
1   ;blink2
2   .device attiny13a
3   rjmp Anfang
4   Anfang:
5       ldi    r16, 0b00011010    ;
6       out    ddrb, r16          ;
7   Schleife:
8       ldi    r16, 0b00001000    ;
9       out    portb, r16         ;
10      rcall Warten              ;
11      ldi    r16, 0b00000010    ;
12      out    portb, r16         ;
13      rcall Warten              ;
14      rjmp  Schleife
15
16  Warten:
17      ldi    r16, 250
18  Warten1:                      ;
19      ldi    r17, 250
20  Warten2:                      ;
21      dec    r17
22      brne   Warten2
23      dec    r16
24      brne   Warten1
25      ret                       ;
26
```

Mit dem Cheepit-Symbol ganz links startet man die Übersetzung und Übertragung. Der Schraubenschlüssel ganz rechts erlaubt eine Umschaltung auf nichtinvertierte Signale. Das zweite Symbol von links steht für ein Reset-Signal, also für einen Neustart des geladenen Programms. Und zusätzlich kann man noch eine Mini-Tatstatur für die serielle Übertagung von Zahlen öffnen.

Mit einer einfachen Änderung lassen wir nun beide LEDs gleichzeitig aufblinken. Dazu muss der Code an zwei Stellen geändert werden:

• in Zeile 8 laden wir eine 10 (00001010) und setzten somit PB1 und PB3 auf "high"
• in Zeile 11 schalten wir beide LEDs wieder aus indem wir eine 0 (00000000) laden

Sollte sich bei der Entwicklung mal der Fehlerteufel einschleichen, wird vom Compiler eine Fehlermeldung erzeugt. Diese erscheint mit Angabe der Zeile und Fehlerart unterhalb des Textfeldes. Die jeweilige Fehlerzeile wird im Editor rot markiert.

8.2 Logikgatter in Assembler programmiert

Logische Verknüpfungen verstehen und anwenden, die Anwendung Logikgatter ist eine praktische App die bei der Einführung in die Digitaltechnik und Boolschen Algebra hilft. Sie vereint alle bekannten logischen Operationen die nach dem Start ausgewählt werden können. Nach der Auswahl imitiert der Sparrow das Logikgatter mit seinen beiden Tastern als Eingänge und der LED 1 (grüne LED) als Ausgang.

Die Bedienung ist dabei kinderleicht. Zu Beginn befindet sich der Controller im Auswahlmodus. Durch mehrfaches kurzes Drücken der Taste S1 (linker Taster) wird ein logisches Gatter ausgewählt:

(1) UND-Gatter (and)
(2) ODER-Gatter (or)
(3) NICHT-Gatter (not)
(4) NAND-Gatter (Nicht Und / Not And)
(5) NOR-Gatter (Nicht Oder / Not Or)
(6) XOR-Gatter (Exklusiv-Oder / Antivalenz)
(7) XNOR-Gatter (Nicht-Exklusiv-Oder / Äquivalenz)

Die Auswahl wird nun mit der Taste S2 (rechter Taster) bestätigt. Mit dem Betätigen von S2 befindet sich der Controller im Ausführungsmodus. Der Sparrow hat nun die Rolle des Gatters übernommen. Beide Taster dienen nun bis zum Ausschalten oder nächsten Reset als Eingänge und LED 2 als Ausgang.

Ein Tipp: Hält man die Taste S1 im Auswahlmodus gedrückt kann eine zufällige Funktion ausgewählt werden. Ideal um das neu erlernte Wissen zu überprüfen.

```
.device attiny13a

init:
    clr r18
    ldi r16, 0b00001010
    out ddrb, r16
select:
    sbis    pinb, 0
    rjmp    s1
    sbis    pinb, 2
    rjmp    s2
    rjmp    select
s1:
    inc r18
    sbi portb, 1
    rcall   delay
    cbi portb, 1
    rcall   delay
    rjmp    select
s2:
    sbi portb, 3
    rcall   delay
    cbi portb, 3
    andi    r18, 0b00000111
    rjmp    function

function:
    cpi r18, 0
    breq    and
    cpi r18, 1
    breq    and
    cpi r18, 2
    breq    or
    cpi r18, 3
    breq    not
    cpi r18, 4
    breq    nand
    cpi r18, 5
    breq    nor
    cpi r18, 6
    breq    xor
    cpi r18, 7
```

```
    breq    xnor
    clr r18
    rjmp    init


and:
    rcall   input
    and r16, r17
    rcall   output
    rjmp    and
or:
    rcall   input
    or  r16, r17
    rcall   output
    rjmp    or
not:
    rcall   input
    com r16
    rcall   output
    rjmp    not
nand:
    rcall   input
    and r16, r17
    com r16
    andi    r16, 0b00000010
    rcall   output
    rjmp    nand
nor:
    rcall   input
    or  r16, r17
    com r16
    andi    r16, 0b00000010
    rcall   output
    rjmp    nor
xor:
    rcall   input
    eor r16, r17
    rcall   output
    rjmp    xor
xnor:
    rcall   input
    eor r16, r17
    com r16
    andi    r16, 0b00000010
    rcall   output
    rjmp    xnor
input:
```

```
    in r16, pinb
    com r16
    mov r17, r16
    andi    r16, 0b00000001
    lsl r16
    andi    r17, 0b00000100
    lsr r17
    ret
output:
    andi    r16, 0b00000010
    out portb, r16
    ret

delay:
    ldi    r16, 150
delay1:
    ldi    r17, 250
delay2:
    dec    r17
    brne   delay2
    dec    r16
    brne   delay1
    ret
```

8.3 Online Assembler und Sound UART

Die Eingabe mit der SoundUART-Schnittstelle bringt besonders bei zeichenorientierten Daten ihre Vorzüge mit sich. Dieses kleine Howto soll zeigen wie wir an die seriellen Daten in Assembler herankommen. Eine gute Gelegenheit eine neue Funktion des Online Assemblers zu testen.

Die Tastatur ermöglicht das Senden der Zeichen 0-F (0b00000000 - 0b00001111) über die SoundUART-Schnittstelle und basiert auf dem Übertragungsverfahren des SoundUART Konverters (http://tiny.systems/article/sparrowSoundUART.html). Einfach auf das Tastatursymbol klicken und das Tastenfeld erscheint. Die Einstellungen für die Übertragung (invertiert/nichtinvertiert) werden für dieses Verfahren übernommen.

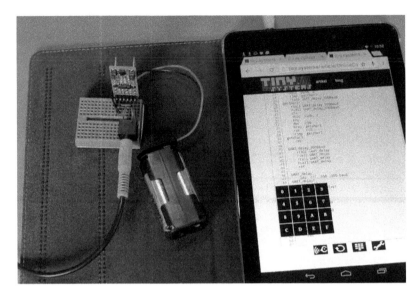

Das folgende Programm stellt eine Erweiterung des Blinkers dar. In Abhängigkeit des eingegebenen Zeichens (0-F) blinkt die grüne LED 0 bis 15-mal. Nach der Initialisierung der Ausgänge wird die Funktion getChar aufgerufen. Der Code dafür stammt aus der Application Note 305 von Atmel. Die Implementierung wurde geringfügig verändert. Nach dem Aufruf befindet sich in Register r18 der eingelesene Wert. Die Parameter zum UART_delay beziehen sich auf 300 Baud.

```
.device attiny13a

init:
    ldi     r16, 0b00000010
    out     ddrb, r16
    cbi     portb, 2
    rcall   getChar
    andi    r18, 0x0f
loop:
    breq init
    ldi   r16, 0b00000010
    out   portb, r16
    rcall delay
    ldi   r16, 0b00000000
    out   portb, r16
    rcall delay
    dec   r18
    rjmp  loop
```

```
getChar:
    ldi    r16, 9
getChar1:
    sbic   pinb, 2
    rjmp   getchar1
    rcall  UART_delay_300Baud
getChar2:
    rcall  UART_delay_300Baud
    rcall  UART_delay_300Baud
    clc
    sbic   pinb, 2
    sec
    dec    r16
    breq   getchar3
    ror    r18
    rjmp   getchar2
getchar3:
    ret

UART_delay_300Baud:
    rcall  UART_delay
    rcall  UART_delay
    rcall  UART_delay
    rcall  UART_delay
    ret

UART_delay:
    ldi    r17, 150 ;300 baud
UART_delay1:
    dec    r17
    brne   UART_delay1
    ret
delay:
    ldi    r16, 250
delay1:
    ldi    r17, 250
delay2:
    dec    r17
    brne   delay2
    dec    r16
    brne   delay1
    ret
```

9 Luna-Programme

Luna ist ein neuer Compiler für AVR-Controller. Zitat:
http://avr.myluna.de „Luna ist eine objektbasierte, moderne Basic/Pascal-
ähnliche Programmiersprache, deren Aufbau und Syntax sich an aktuellen
Entwicklungswerkzeugen orientiert. Sie ist mit einer durchdachten und
verständlichen Syntax ausgestattet, welche den Entwickler durch definierte
symantische/sprachliche Rahmen bei der Vermeidung von Fehlern
unterstützt (vergleichbar mit Modula gegenüber C). Sie bietet im Gegensatz
zu einfacheren Basic-Sprachen, wie z.Bsp. BASCOM, wesentlich
komplexere Möglichkeiten auf technischer Augenhöhe mit Pascal, Modula
und C/C++. Sie eignet sich damit für die effiziente und zeitsparende
Entwicklung von kleinen bis hin zu großen, anspruchsvollen
Softwareprojekten für AVR Mikrocontroller."

9.1 Lottozahlengenerator

Wenn der Lottojackpot mal wieder wochenlang nicht geknackt wurde, es in
allen Medien zum Thema wird und die Lottoannahmestellen ihre Fähnchen
hissen, dann kann man sich selten der Euphorie entziehen und will es mit
seinen 6 Kreuzchen wissen. Allen Mathematikkenntnissen zum Trotz
(Chance 6 aus 49: 1/15.537.573) müssen jetzt die richtigen Zahlen her.

Der Sparrow hilft mit dieser App bei der Auswahl der Zahlen. Mit der
Taste S1 wird eine zufällige Zahl zwischen 1 und 49 generiert. Die Anzeige
erfolgt über die beiden LEDs. Die grüne LED zeigt die Zehnerstellen und
die rote die Einer. Die Darstellung wird solange wiederholt bis mit
erneutem Betätigen der Taste die nächste Zahl erstellt wird.

```
avr.device = attiny13 '
avr.clock  = 1200000
avr.stack  = 16

#define LED_GREEN as portB.1
#define LED_GND as portB.4
#define LED_RED as portB.3
#define SWITCH as portB.0
```

```
LED_GND.mode = output,low
LED_RED.mode = output,low
LED_GREEN.mode = output,low
SWITCH.mode = input, nopullup
LED_GND = 0

dim nextNumber as byte
nextNumber = 0
dim input as byte
dim seedNumber as Int16
seedNumber = 0
input = 1
While input = 1
  input = SWITCH
  seedNumber = seedNumber + 1
Wend
Seed seedNumber
do
  dim random as byte
  dim pos0 as byte
  dim pos1 as byte
  random = Rnd()
  random = random mod 48
  random = random + 1
  pos0 = random /10
  pos1 = random mod 10
  nextNumber = 0
  While nextNumber = 0

    showNumber(1, pos0)
    nextNumber = waitForInput(500)
    showNumber(2, pos1)
    nextNumber = waitForInput(1000)
  Wend

loop

function waitForInput(time as Int16) as UInt8
  dim i as Int16
  For i=0 to time
    waitms 1
    if SWITCH = 0  then
      return 1
    endif
  next
endfunc
```

```
procedure showNumber(port as UInt8, number as UInt8)
  dim i as byte
  dim j as byte
  For i=1 to number
    if port = 1  then
      LED_GREEN = 1
      nextNumber = waitForInput(200)
      LED_GREEN = 0
      nextNumber = waitForInput(200)
    else
      LED_RED = 1
      nextNumber = waitForInput(200)
      LED_RED = 0
      nextNumber = waitForInput(200)
    endif
    if nextNumber = 1 then
      return
    endif
  Next
endproc
```

9.2 Black Jack (17 und 4)

Spiele zu programmieren gehört zu den interessantesten Aufgaben mit dem Sparrow. Dieses Spiel wurde mit Luna entwickelt und zeigt eindrucksvoll die Stärken der Programmiersprache.

Spielerzahl: beliebig

Gewinner: Wer zuerst 21 Punkte d.h. Augen hat (wird durch Dauerlicht auf LED grün und LED rot angezeigt) oder die meisten Augen nahe 21 hat (merkt sich der Spieler)

Verlierer: wer überreizt d.h. mehr als 21 Augen hat (wird durch mehrmaliges Blinken der beiden LEDs angezeigt) oder die wenigsten Augen hat (merkt sich der Spieler)

112

Spielrunde: ein Spieler beginnt durch einen normalen Tastendruck (Taster1). Eine Zufallszahl wird ermittelt (zwischen 1 und 11) und durch die beiden LED'S durch Blinken angezeigt. (bei Ziffer 0 bleibt die entsprechende LED aus. LED grün ist die Zehnerstelle, LED rot die Einerstelle. Der Spieler merkt sich die Zahl und mit jedem weiteren Tastendruck (Taster1) erhöht sich seine Punktzahl und wird durch das Blinken der LED'S angezeigt. Spielerwechsel erfolgt durch einen langen Tastendruck auf Taster2.

Beispiel 1
Spieler 1 drückt Taster1, LED grün aus bleibt und LED rot blinkt 7 mal (also 7 Augen), beide LED'S gehen aus.
Spieler 1 drückt weiter Taster1, LED grün blinkt einmal und LED rot bleibt aus (also 10 Augen),
Spieler 1 drückt weiter Taster1, LED grün blinkt einmal und LED rot blinkt 8 mal (also 18 Augen)
Spieler 1 drückt weiter Taster1, LED grün blinkt einmal und LED rot blinkt 9 mal (also 19 Augen)
Spieler 1 beendet das Spiel durch einen langen Tastendruck mit Taster2.
Spieler 2 drückt Taster1, LED grün blinkt einmal und LED rot blinkt einmal (also 11 Augen)
Spieler 2 drückt weiter Taster1, LED grün blinkt einmal und LED rot blinkt 6 mal (16 Augen)
Spieler 2 drückt weiter Taster1, LED grün blinkt zweimal und LED rot bleibt aus (also 20 Augen)
Damit hat Spieler 2 gewonnen, Spieler 1 hatte nur 19 Augen.

Beispiel 2
Spieler 1 drückt Taster1, LED grün bleibt aus und LED rot blinkt 9 mal (also 9 Augen), beide LED'S gehen aus.
Spieler 1 drückt weiter Taster1, LED grün blinkt einmal und LED rot blinkt 8 mal (also 17 Augen)
Spieler 1 drückt weiter Taster1, LED grün und LED rot gehen auf Dauerlicht (also 21 Augen)
Spieler 1 hat gewonnen.

Beispiel 3
Spieler 1 drückt Taster1, LED grün bleibt aus und LED rot blinkt 6 mal (also 6 Augen), beide LED'S gehen aus.
Spieler 1 drückt weiter Taster1, LED grün blinkt einmal und LED rot blinkt 5 mal (also 15 Augen)

Spieler 1 drückt weiter Taster1, LED grün und LED rot gehen auf
Blinklicht (also mehr als 21 Augen)
Spieler 2 hat gewonnen.

```
' -----------------------------------
#library "Library/KeyMgr.interface" 'Tasten-Manager
#library "Library/TaskTimer.interface" 'universeller
Taktgeber/Tasktimer
' -----------------------------------

avr.device = attiny13 '
avr.clock  = 1200000
avr.stack  = 24

#define LED_GREEN as portB.1
#define LED_RED as portB.3
#define LED_GND as portB.4
LED_GND.mode = output,low
LED_RED.mode = output,low
LED_GREEN.mode = output,low
const USE_KEYMGR_DEMO = 0
' Taster-Definitionen
#define KEY0_MASK as (1<<2)
#define KEY1_MASK as (1)
'#define KEY0_MASK as (1)
#define KEY_PORT as PORTB
#define KEY_MASK as KEY0_MASK
#define REPEAT_MASK as KEY1_MASK
'#else
'#define REPEAT_MASK as KEY0_MASK
'#endif
' -------------------------------------------------
' Initialisierungen
#define KEYMGR_TIMESLICE as 10 '10 ticks ( 10x Zeit-
Intervall von ".Poll()" )
KeyMgr.Init(KEY_PORT,KEY_MASK,REPEAT_MASK,
KEYMGR_TIMESLICE)
' -------------------------------------------------
'TaskTimer-ISR soll nur die selbst veränderten
Register sichern.
'Dies weil wir eine Methode aus einer Library setzen,
welche ihrerseits ebenfalls
'ihre veränderten Register sichern. Dies spart Stack-
Speicher.
#define TIMED_TASKS as 1
#define TIMED_TIMESLICE as 1 '1 ms
```

```
TaskTimer.SaveMode = selfused
'TaskTimer initialisieren mit 1 Task und einem
Intervall von 1 ms.
TaskTimer.Init(Timer0, TIMED_TASKS, TIMED_TIMESLICE)
'Die PollRoutine des TaskMgr in den TaskTimer
eintragen
TaskTimer.Task(0)=KeyMgr.Poll().Addr
' ----------------------------------------------
' Enable all Interrupt
Avr.Interrupts.Enable
'print "keymgr example (library)"
' ----------------------------------------------
' Main - Loop
' ----------------------------------------------
dim i as byte
dim spieler1 as byte
'dim spieler2 as byte

'dim nextNumber as byte
dim seedNumber as Int16
seedNumber = 0

seedNumber = seedNumber + 3
spieler1 = 0
'spieler2 = 0
Seed seedNumber
do
  dim random as byte
  dim pos0 as byte
  dim pos1 as byte
  random = Rnd()
  random = random mod 12
  if random < 1 then
    random = 1
  endif
  if (KeyMgr.Tick) then
    'Signal abfragen
    ' alle Taster an Port |KEY_PORT| entprellen
    KeyMgr.Debounce()
    #if (USE_KEYMGR_DEMO = 0)
      keymgr_demo0()
    #endif
  endif
loop
' ----------------------------------------------
' end
' ----------------------------------------------
```

```
Procedure keymgr_demo0()
  ' Key1
  if KeyMgr.KeyRepeat( KEY1_MASK ) then
    spieler1 = 0
    led_green = 0
    led_red = 0
    wait 1
  endif
  ' Key0
  if KeyMgr.KeyPress( KEY0_MASK ) then
    spieler1 = spieler1 + random
    pos0 = spieler1/10
    pos1 = spieler1 mod 10
    waitms 500
  endif
  if KeyMgr.KeyRelease( KEY0_MASK ) then
    waitms 1

    for i = 1 to pos0
      led_green = 1
      waitms 400
      led_green = 0
      waitms 400
    next
    for i = 1 to pos1
      led_red = 1
      waitms 400
      led_red = 0
      waitms 400
    next
    if spieler1 = 21 then
      led_green = 1
      led_red = 1
      waitms 500
    endif
    if spieler1 > 21 then
      for i = 1 to 5
        led_green = 1
        led_red = 1
        waitms 100
        led_green = 0
        led_red = 0
        waitms 100
      next
    endif
  endif
EndProc
```

Cheepit Sparrow

10 Hardware und Schaltungstechnik

Der Sparrow ist nicht vom Himmel gefallen, sondern er wurde in vielen kleinen Schritten entwickelt. Viele der Zwischenergebnisse sind immer noch interessant, weil sie Wege für den Eigenbau zeigen. Über lange Strecken wurde die Entwicklung von Vor-Vormustern geprägt, die dazu beigetragen haben, Fehler und Tücken zu beseitigen. Unser besonderer Dank gilt allen Betatestern, die das System in den unterschiedlichsten Konfigurationen getestet haben.

10.1 Der Sound-Programmer

Es geht um die Suche nach einer möglichen Lösung zur Programmierung von AVR-Mikrocontrollern mit Smartphones und Tablets. Dabei sind bisher zwei interessante Ideen im Netz aufgefallen. Die erste funktioniert leider nur auf Geräten mit einer USB-Host Schnittstelle. Die zweite benutzt die Audio-Schnittstelle zur Übertragung. Dabei befindet sich auf dem Controller ein Bootloader der das modulierte Signal demoduliert. Auf hackaday http://hackaday.com/2011/09/09/program-an-arduino-using-your-sound-card/ kann man sich einen Artikel dazu anschauen. Kein Endgerät kommt ohne Audio-Schnittstelle daher. Selbst ein Kindle könnte damit umgehen.

Die Lösung bringt allerdings ein Henne-Ei-Problem mit sich und ist für Neueinsteiger ein großer Nachteil, man muss den Bootloader auf den Controller bekommen, vorher läuft nichts. Gesucht wird jedoch nach einer einfachen und günstigen Lösung für den Einstieg. Es sollte doch irgendwie möglich sein, eine Umsetzung von Sound auf SPI basteln zu können.

Nach ein paar intensiven Minuten mit dem Datenblatt zum ATtiny13a ist die Sache klar. Zum Programmieren brauchen wir nur ein Clock- und ein Datensignal sowie eine schaltbare Leitung für den Reset. Die einfachste Kommunikation mit dem Controller ist das Senden des "Programming Enable" Kommandos. Es besteht wie alle Programming Instuctions aus 4 Byte (0b10101100, 0b01010011, 0b00000000, 0b00000000). Hat der Tiny diesen Befehl erhalten antwortet er mit einem 0x53 im zweiten Byte der

Rückmeldung. Für den ersten Test wurde dieser Befehl in einem WaveFile codiert. Ob das Ganze funktioniert könnte man an einer LED erkennen die an der MISO-Leitung hängt.

Für den Aufbau der kleinen Schaltung wurde ein Steckbrett verwendet. Die Bauteile hat man eigentlich immer zur Hand. Nur für die Audiobuchse musste ein altes Motherboard geschlachtet werden.

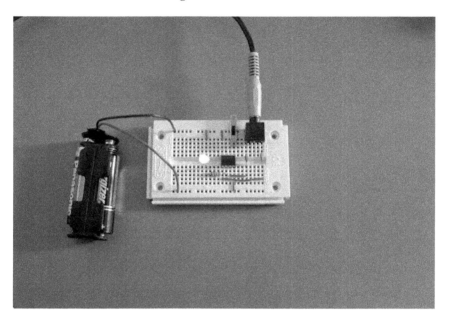

Der Testaufbau beinhaltet:
• AudioBuchse; linker Kanal mit 100nF an SCK (Clock); rechter Kanal mit 100nF an MOSI
• Resetschalter, mit dem die Resetleitung manuell nach Masse gezogen wird
• LED an MISO zeigt an ob die Datenübertragung funktioniert hat
• Tiny13a als Versuchskaninchen
• Spannungsversorgung mit max. 3V

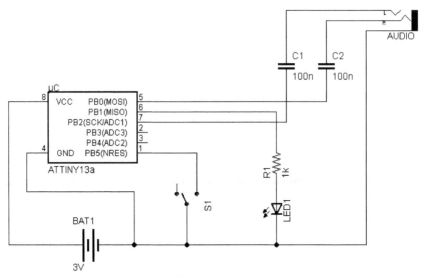

Schaltplan SimpleSoundProgrammer

Für die Hardware war´s das schon. Jetzt geht es an die Software. Man bildet einfach das SPI-Protokoll in einer Sounddatei ab. Ein Kanal übernimmt das Clocksignal, der andere die Daten. Und hier das Ergebnis für den Befehl Programming Enable.

```
52 49 46 46 78 2A 00 00 57 41 56 45 66 6D 74 20 12 00 00 00 01 00
02 00 FF 00 00 00 FF 00 00 00 01 00 08 00 00 00 64 61 74 61 00 00
00 82 00 FF FF FF 00 00 FF 00 00 FF FF FF 00 00 FF 00 00 FF FF FF
00 FF FF FF 00 00 FF 00 00 FF 00 00 00 FF 00 00 FF FF FF 00 00 00
FF 00 00 FF FF FF 00 00 FF 00 00 FF 00 00 FF FF FF 00 FF FF FF
00 00 FF 00 00 00 FF 00 00 00 FF 00 00 00 FF 00 00 00 FF 00 00 00
FF 00 00 00 FF 00 00 00 FF 00 00 00 FF 00 00 00 FF 00 00 00 FF 00
00 00 FF 00 00 00 FF 00 00 00 FF 00 00 00 FF 00 00 00 FF 00 00 00
```

Jedes Wav-File hat einen genau definierten Vorspann. Die eigentlichen Daten werden hier mit 00 und FF kodiert, also mit Vollaussteuerung. So sieht man im Hexdump wie die einzelnen Leitungen für Clock und Daten geschaltet werden.

Für den ersten Testlauf wurde der MediaPlayer unter Windows verwendet. Beim ersten Abspielen der Datei lief nichts. Kein Flackern der LED. Mit dieser ersten Enttäuschung ging es dann ans Oszilloskop. Damit nicht bei der Messung ständig die Wiedergabe gestartet werden musste wurde die automatische Wiederholung aktiviert. Und siehe da, nach vier oder fünf

Durchläufen ... es geht! Tatsächlich antwortet die LED an der MISO Leitung mit einem schönen Flackern im Takt der Wiedergabe. Aber warum funktioniert das nicht beim ersten Mal. Ein Blick auf das Oszi zeigt das Problem. Die Signale sind nicht besonders sauber.

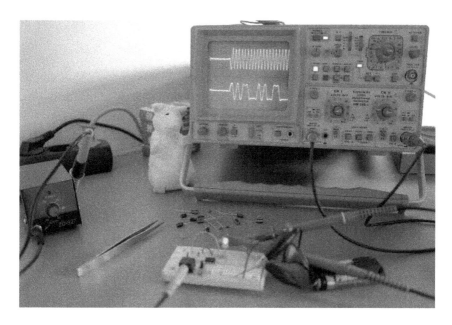

Für den Versuch musste die Lautstärke am PC auf mindestens 90% eingestellt werden. Also Vorsicht mit den eigenen Ohren und den HighEnd Lautsprechern.

Ein zweiter Test mit dem Befehl zum Löschen des Speichers hat auch funktioniert. Es brauchte jedoch mehrere Anläufe für eine fehlerfreie Datei. Die Wav-Dateien findet man zum Download unter http://tiny.systems/article/soundProgrammer.html.

Ein Hex2Wav Generator muss her! Die Erstellung der Wav-Dateien von Hand macht auf Dauer keinen Spaß. Deshalb wurde damit angefangen das Ganze zu automatisieren. Mit den entstandenen Beispielen ist die Sache etwas aufregender, denn man sieht etwas.

Beispiel 1 schaltet die MISO LED(PB1) ein.

Beispiel 2 schaltet die MISO LED(PB1) aus.

Beispiel 3 lässt die MISO LED(PB1) blinken.

Im nächsten Schritt galt es den entstandenen Konverter mal fertig zu entwickeln und zugänglich zu machen. Das Ergebnis war dann schließlich der Hex2Wav Konverter (Vgl. Kap 3.1).

10.2 Schaltungsvarianten

Für den zweiten Versuch wurde diese Schaltung mit zwei Widerständen verwendet. Der Gedanke dahinter war, die Eingänge auch bei zu hoher Spannung nicht zu überlasten. Kondensatoren sind ja schon im Soundausgang enthalten. Mach einigen Versuchen hat es funktioniert!

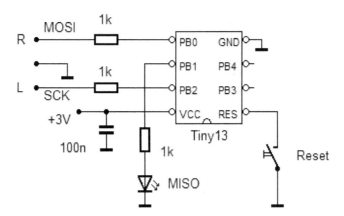

Das Problem war nur, dass die AC-Kopplung am Kopfhörerausgang keinen eindeutigen Ruhepegel hat. Nach einigen Ladeversuchen schiebt er sich dann selbst in den passenden Bereich. Kann sein, dass die Variante mit zwei

Koppelkondensatoren von 100 nF schneller zu Ziel führt. Wichtig ist, dass die Batteriespannung nur 3 V beträgt. Jedenfalls konnte am Ende das Blinkprogramm erfolgreich übertragen werden.

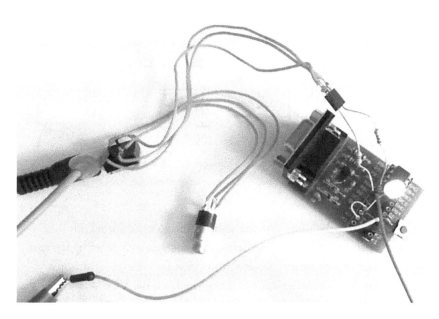

Video: **http://youtu.be/pJwOz8BUwt0**

Wie kann das überhaupt funktionieren, hat nicht die ISP-Schnittstelle immer sechs Leitungen? Stimmt, aber drei davon, GND, VCC und Reset fallen schon mal weg, jedenfalls wenn man Reset selbst betätigt. Und MISO ist ein Rückkanal, auf dem der Programmer sehen kann, ob alles funktioniert. Da reicht auch eine LED. Wenn sie flackert, weiß man, dass es klappt. Bleibt also die Taktleitung SCK und die Datenleitung MOSI. Ihre Daten werden direkt von der Soundkarte abgespielt.

Das Signal hört sich an wie Vogelgezwitscher. Links singt ein Rotkehlchen den Takt, rechts krächzt eine Elster die Daten. Man könnte ja mal zwei solche Vögel mit Mikrofonen ausstatten und in den Controller singen lassen. Nach ca. 10.000 Jahren wird zum ersten Mal ganz zufällig ein sinnvolles Programm dabei rauskommen. So funktioniert das mit der Evolution. Nach weiteren 10 Millionen Jahren haben die Vögel den Controller voll im Griff. Bei uns geht das schneller, weil die Signale per

Software berechnet werden. Mit der richtigen Schaltung funktioniert es sofort.

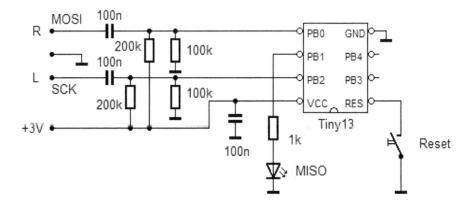

In einer zweiten Schaltungsvariante wurden die Eingangspegel mit Spannungsteilern auf 1/3 der Betriebsspannung gezogen. Wichtig ist, dass die Clock-Leitung bei einem Reset schon einen Low-Pegel sieht, sonst verzählt sich der Controller mit den Taktimpulsen. Bei VCC = 3 V liegt die Schaltschwelle bei 1,5 V. Mit 1 V liegt man dann sicher auf der Low-Seite. Wenn die Soundkarte in beide Richtungen mindestens ca. 1 V aussteuert, sollte es passen. Und tatsächlich, mit dieser Schaltung funktioniert das Programmieren auf Anhieb in einem Spannungsbereich von 2,7 V bis 3,7 V.

Die Schaltung wurde fliegend auf der Platine zum Franzis Lernpaket Mikrocontroller aufgebaut. Wenn die serielle Schnittstelle nicht angeschlossen ist, liegen alle Anschlüsse des Tiny13 frei. Ein Steckboard tut es genauso, aber diese Platine war gerade da und trägt eine deutliche Beschriftung der Tiny13-Pins. Die Spannungsversorgung übernimmt ein Batteriefach. Bei diesem Aufbau kann man relativ leicht Links und Rechts vertauschen, was auch immer wieder passiert. Man schaut dann am besten mit dem Oszilloskop nach. Das Taktsignal erkennt man an seinen regelmäßigen Impulsen. Wenn es an PB2 liegt, ist alles richtig.

Und hier kommt ein weiteres Programm zum Testen. Es stammt aus dem Lernpaket Mikrocontroller und ist in Assembler geschrieben. Wie man sieht ist es ein Wechselblinker an den Ports B3 und B4.

```
;Blink2.asm Blinker mit Unterprogramm

        .include "tn13def.inc"

rjmp Anfang
Anfang:
        ldi    r16,0x18    ;PB4 und PB4
        out    ddrb,r16    ;Datenrichtung
```

```
Schleife:
      ldi    r16,8        ;8 = 0x08
      out    portb,r16    ;PB3 = 1, PB4 = 0
      rcall  Warten       ;Unterprogrammaufruf
      ldi    r16,16       ;16 = 0x10
      out    portb,r16    ;PB3 = 0, PB4 = 1
      rcall  Warten       ;Unterprogrammaufruf
rjmp  Schleife


Warten:
      Ldi    r16,250
Warten1:                  ;äußere Schleife
      Ldi    r17,250
Warten2:                  ;innere Schleife
      dec    r17
      brne   Warten2
      dec    r16
      brne   Warten1
      ret                 ;Rücksprung
```

Übersetzt kommt folgendes Hexfile dabei heraus:

```
:020000020000FC
:1000000000C008E107BB08E008BB04D000E108BB62
:100010001D0F9CF0AEF1AEF1A95F1F70A95D9F73F
:02002000089541
:00000001FF
```

10.3 Soundkarten und Signale

So sieht das Signal der Soundkarte in einem typischen Windows-PC aus. Aus dem programmierten Rechtecksignal macht das Tiefpassfilter in der Soundkarte ein angenähertes Rechteck mit runden Flanken und Überschwingern. Entscheidend ist aber, dass ein digitaler Eingang immer noch ein eindeutiges Rechtecksignal sieht. Wie zu erwarten war funktioniert die Programmierung damit einwandfrei. An einem andern PC sah das Signal zwar deutlich anders aus, ist aber ebenfalls digital gesehen eindeutig.

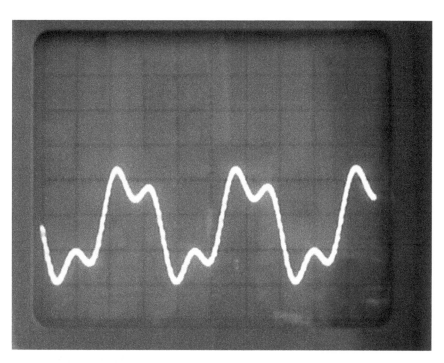

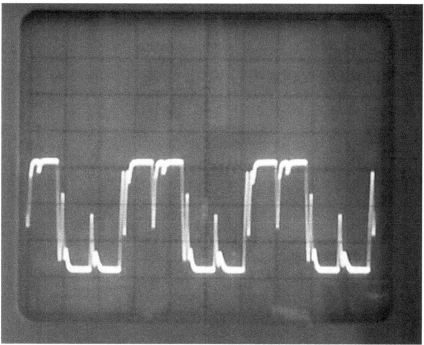

Dies ist das gleiche Signal, abgespielt auf einem Nexus 7 Tablet. Da sieht man sofort, das Signal ist ganz gestört. Der digitale Eingang könnte bis zu vier Impulse statt nur einen sehen. Das kann eigentlich nicht funktionieren. Und tatsächlich, alle Programmierversuche sind zunächst fehlgeschlagen. Später wurde klar, dass diese schlechten Signale durch Übersteuerung der Ausgangsstufe entstehen. Bei 80% Lautstärke ist alles sauber.

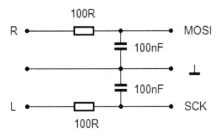

Die relativ kurzen Störimpulse sollte man mit dem passenden Tiefpassfilter beseitigen können. Mit 100 Ω und 100 nF ergibt sich eine Grenzfrequenz von 15,9 kHz. Und tatsächlich, das Signal sieht schon viel besser aus. Tatsächlich funktionierte die Programmierung nun auch mit dem Nexus 7.

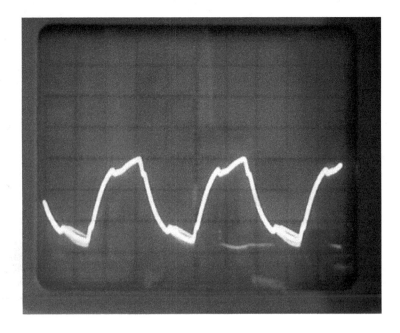

Man kann also entweder die Lautstärke etwas zurücknehmen oder das Tiefpassfilter einsetzten. Das Filter wurde dann später in die endgültige Sparrow-Schaltung übernommen. Damit wurde erreicht, dass der Anwender relativ frei in der Einstellung der Lautstärke ist und nicht erst lange herumprobieren muss.

10.4 ISP mit der Soundkarte V2

Mit einer kleinen Zusatzschaltung kann man die ISP-Programmierung über die Soundkarte noch einfacher und noch sicherer machen. Das Ziel ist es, ohne den Reset-Taster auszukommen. Das Reset-Signal sollte also automatisch erzeugt werden.

Außerdem sollte der Controller in einem größeren Spannungsbereich arbeiten. Beides ist mit Transistoren leicht zu erreichen. Die Signale werden durch die Schaltung invertiert, was bei der Sounderzeugung berücksichtigt werden muss.

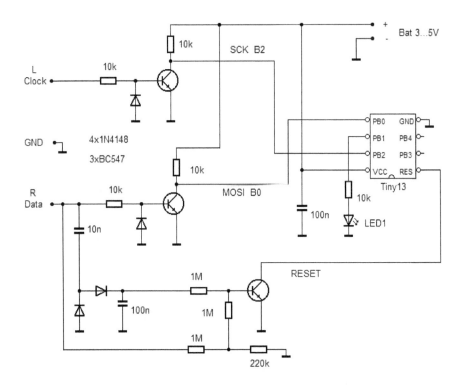

MOSI und SCK werden über zwei NPN-Transistoren in Emitterschaltung angesteuert. Die Signalamplitude der Soundkarte ist relativ unkritisch, weil die Transistoren einfach nur voll durchgesteuert werden. Dazu ist mindestens ein Signal mit 0,6 V erforderlich. Ohne ein Soundsignal sind sie gesperrt, die Ports B0 und B2 können daher zur Laufzeit frei verwendet werden.

Das Reset-Signal wird aus der Datenleitung abgeleitet, die für diesen Zweck einen Vorspann bekommt, der noch nicht zur eigentlichen Programmierung gehört. Das Signal wird gleichgerichtet und steuert den Reset-Transistor an. Aber da gibt es noch einen Nebenzweig, der einen Teil des AC-Signals auf die Basis koppelt. Beim Anstieg der Ladespannung entstehen daher einige wenige Impulse an der Reset-Leitung. Das hat folgenden Sinn: Wenn der Controller in den Reset-Zustand geht um programmiert zu werden soll die SCK-leitung bereits Low-Pegel haben, weil eine High-Low-Flanke die Daten von MOSI übernimmt. Nun kann es aber vorkommen, dass ein Programm die Leitung B2 hochgesetzt hat. Wenn sie erst im Reset-Moment

130

freigegeben wird, kann es zu einer Fehlfunktion kommen. Mit den zusätzlichen Reset-Impulsen wird dies verhindert. Der erste Reset-Impuls stoppt ein laufendes Programm, der zweite findet bereits eine hochohmige Leitung B2 vor, die rechtzeitig vor dem Reset durch das Signal von der Soundkarte heruntergezogen wurde.

Die Software wurde entsprechend erweitert und ermöglicht nun die Konvertierung beliebiger Hexfiles. Wichtig ist für die erweiterte Schaltung, dass die Option "Signal invertieren" angeklickt ist. Für die einfache Schaltung mit direkter Kopplung der Signale arbeitet man dagegen ohne Invertierung. Nicht ganz auszuschließen ist übrigens, dass es mal eine Soundkarte geben könnte, die selbst schon die Signale invertiert. Den angepassten Konverter findet man unter http://tiny.systems/article/soundKonverter.html.

Die Programmierung funktioniert mit der erweiterten Schaltung völlig problemlos und immer schon beim ersten Versuch. So macht das Programmieren Spaß! Auch die Betriebsspannung ist jetzt völlig unkritisch. Ob es 3 V oder 5 V sind, ganz egal. Möglich ist auch der Betrieb der Schaltung mit einer alten Lithium-Batterie aus einem Handy.

Und auch die verwendete Programmiersprache ist unkritisch, solange ein Hex-File erzeugt wird. Das folgende kleine Bascom-Testprogramm lag noch auf der Festplatte. Es hieß Ttiny13_LED.bas und wurde übersetzt zu

Ttiny13_LED.hex. Im Quelltext sieht man auch, was da passieren soll: B4 blinkt.

```
'ATtiny13 driving LEDs
$regfile = "attiny13.dat"
$crystal = 1200000
Config Portb = Output

Do
  Portb.3 = 1
  Toggle Portb.4
  Waitms 500
Loop

End
```

Im Hex2Wav-Konverter ist ein eigener Abspieler enthalten, der unter HTML5 läuft. Wenn man für besondere Tests einen anderen Player einsetzen will, kann man mit der rechten Maustaste auf den Abspielbalken klicken. Dann hat man die Möglichkeit, den Sound als Wav-File abzuspeichern. Der vorgeschlagene Dateiname wird aus den ersten Zeichen der Datei selbst gebildet und sollte passend zum Testprogramm umbenannt werden.

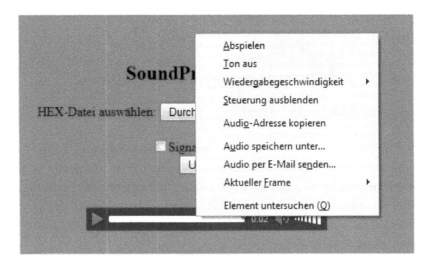

10.5 Der Sparrow V1

Aus dem Tiny13 wird ein komplettes kleines Entwicklungssystem, der "Sparrow". 20 Musterplatinen wurden bestellt. Das Projekt wird von Modul-Bus unterstützt und die SMD-Bauteile zusammengestellt.

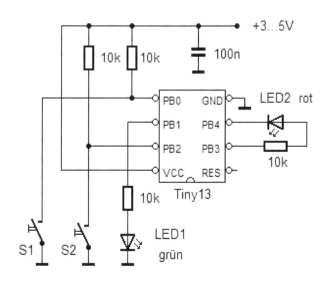

Mit auf der Platine sind zwei Tastschalter (Die 10-K-Pullup-Widerstände gehören zum Programmier-Interface) und zwei LEDs. Damit lassen sich viele Aufgaben lösen, ohne dass externe Hardware angeschlossen werden muss. Der erste Probeaufbau wurde nun um diese Elemente erweitert, damit Programme für den Sparrow getestet werden konnten.

Als die Leerplatinen ankamen wurden gleich bestückt. Immer mit dem Ohmmeter im Anschlag, denn am Anfang ist man ja bei einem Prototyp erstmal unsicher, ob alles richtig ist. Tatsächlich gab es wie beim ersten Prototyp üblich ein paar kleine Probleme: Bei den Transistoren ist auf der Platine E und B vertauscht. Man muss sie auf dem Kopf einbauen (Beschriftung nach unten). Die vorhanden Schottkydioden waren eine Nummer zu groß und müssen schräg eingelötet werden. Die kleineren wurden bestellt. Die gekauften LEDs sind viel zu dunkel, ausreichend hell nur spät am Abend. Hellere gibt es in der gleichen Bauform. Aber am Ende kam ein funktionierendes System heraus. Für den Anfang konnte man mit einem Steckboard das Problem der zu schwachen LEDs lösen. Einfach extern zwei superhelle LEDs mit Vorwiderständen dran, dann klappt's auch bei hellem Licht.

Manchmal geht auch was schief, das ist ganz normal im Elektronik-Alltag. In diesem Fall wurde ein Tiny13 verdreht eingebaut und dann gleich mit voller Stromversorgung heißgefahren. Also wieder auslöten, vermutlich defekt. Das ist die Chance für den Dip8-Tiny. Sockel drauf, fertig. So wird der Sparrow zu einem kleinen Programmiergerät für den ATtiny13 und

(Geheimtipp!) auch für den ATtiny25, für den die Hex2Wav-Software ebenfalls passt. Die größeren Controller Tiny45 und Tiny85 würden nur mit veränderter Software laufen.

Links im Bild sieht man provisorische Anschlüsse zur Soundkarte. Lange Stifte sind elastisch genug, um ohne Einlöten Kontakt zu bekommen, wenn man sie etwas schräg andrückt. So bleibt die Entscheidung noch offen: Stiftleisten dran, Audiokabel direkt anlöten oder alles im Interesse der geringen Abmessungen freilassen.

Für die unsauberen Signale am Tablet wurde ein Anschlusskabel mit Tiefpassfilter gebaut. Zweimal 100 Ω und 100 nF. Bisher gab es trotzdem noch Probleme. Aber deshalb wurde das Soundfile so umgebaut, dass kein DC-Anteil mehr im Signal enthalten ist. Es hörte sich nun auch ganz anders an. Das neue Verfahren wurde zuerst nur auf den Lottozahlengenerator angewandt, damit man am Anfang noch Vergleiche anstellen kann. Und tatsächlich, das Tablet kann jetzt ohne Probleme das Programm übertragen. Aber das Filter muss sein.

Video: **http://youtu.be/5DjzB3Sbejs**

Ein zweiter Problemrechner, ein 64-Bit Windows-PC, tat es jetzt auch! Aber ebenfalls nur mit dem Filter. Auch da gibt es am Kopfhörerausgang unschöne Spikes, die mit dem Filter gedämpft werden. An diesem PC können jetzt sowohl die alten als auch die neuen Soundformate übertragen werden. Das ursprüngliche Problem lag also am fehlenden Filter. Achtung, ganz wichtig war, dass alle Filter und Soundeffekte der Soundkarte ausgeschaltet wurden. Solche Funktionen sind bei vielen modernen PCs eingeschaltet, ohne dass man es bewusst wahrnimmt.

Weitere Tests haben ergeben, dass das Tiefpassfilter bei einigen Rechnern nützt, aber bei keinem schadet. Das war auch nicht anders zu erwarten. Es zeichnet sich daher jetzt schon ab, dass diese vier Bauteile mit auf die Platine (Revision 2) müssen.

10.5 ISP-Soundinterface V3

Im Laufe der Experimente vieler Betatester hat sich gezeigt, dass die Soundkarten der vielen Geräte unterschiedlicher sind als wir zuerst angenommen hatten. Insbesondere die Ausgangsamplitude ist sehr

unterschiedlich und reicht von ca. 1 Vss bis 5 Vss. Die ursprüngliche
Transistorschaltung kommt damit nicht klar. Deshalb jetzt ein anderer
Versuch: Mit Komparatoren sollte man einen größeren Bereich verarbeiten
können. Wer sich selbst ein Interface bauen will, sollte besser die
Transistorschaltung überschlagen und gleich mit Komparatoren arbeiten.

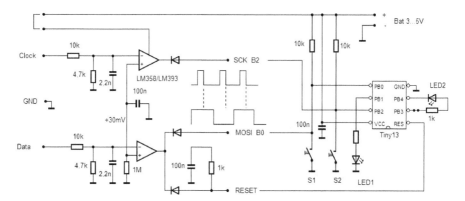

Ein typischer Komparator wie der LM393 hat offene Kollektoren am
Ausgang. Damit ist der Ausgang ähnlich wie beim Transistor-Interface. Am
Eingang können aber schon Signale mit wenigen mV verarbeitet werden.
Damit eindeutige Ruhepegel herrschen werden die nichtinvertierten
Eingänge über den Spannungsabfall der Eingangsströme an 1 MΩ um
einige mV hochgelegt. Weil die Eingangsspannung nicht über ca. 0,6 V
gehen soll (um ein Übersprechen auf den jeweils anderen Eingang zu
vermeiden) ist ein 3:1-Spannungsteiler vorgeschaltet. Hier ist auch gleich
das für manche Soundkarten erforderliche Tiefpassfilter eingefügt.

Die Resetschaltung vereinfacht sich und wird nun direkt vom
Datenkanal abgeleitet. Damit nicht später im Betrieb B0 einen Reset
auslösen kann sind zwei Dioden nötig. Das RC-Glied erzeugt wie die alte
Schaltung einige Impulse am Anfang der Übertragung. Die Zeitkonstante
ist in dieser Schaltung relativ klein und reicht nur für die die neuen Sound-
Files, die keine Lücken im MOSI-Datensignal mehr aufweisen. Mit der alten
Version dürfte die Schaltung nicht mehr funktionieren.

Die Schaltung wurde zuerst mit dem Doppel-Komparator LM393 getestet,
dabei war die Diode am Clock-Ausgang nicht nötig. Mit dem Komparator
hat man den Vorteil, dass das Interface komplett abgeschaltet werden darf,
weil die Ausgangstransistoren dann gesperrt sind.

Wer gerade keinen Komparator hat kann die Schaltung auch mit dem Doppel-OPV LM358 aufbauen, dessen Eingangsschaltung ganz ähnlich ist wie beim Komparator LM393. Dann sind allerdings alle drei Dioden nötig. Die Spannungsverhältnisse sind nicht ganz so günstig, weil der Ausgangsspannungsbereich begrenzt ist. Außerdem kann man nicht einfach die Betriebsspannung abschalten, weil dann insbesondere Reset heruntergezogen würde. Aber wenn man den Doppel-OPV an der Versorgungsspannung lässt, funktioniert es gut. Die Übertragung wurde im Bereich 1 Vss bis 3 Vss erfolgreich getestet.

Das Bild zeigt einen Testaufbau mit dem LM358. Am besten wären Schottkydioden, aber verwendet wurden Si-Dioden 1N4148, das funktioniert auch. Die 4,7-k-Widerstände wurden aus je zwei 10-k-Widerständen in Parallelschaltung gebildet. Die ganze Schaltung ist an B0, B2 und Reset angeschlossen. Man kann nun wahlweise beide Soundeingänge testen, den auf der Platine und den auf dem Steckboard. Kein Interface behindert das andere.

10.6 Komparator LM339

In dieser Schaltung wurde auf die Spannungsteiler am Eingang verzichtet. Damit hat man die größte Empfindlichkeit. Andererseits kann die Schaltung übersteuert werden. Man muss also die Lautstärke passend einstellen.

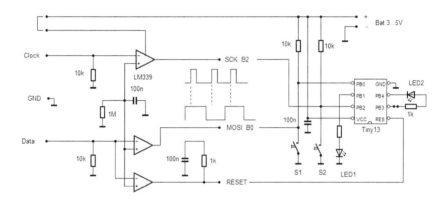

Die Komparatorschaltung ist auch noch fehleranfällig und neigt zu Fehlfunktionen bei einer Übersteuerung. Um der Sache auf den Grund zu gehen wurde ein Sinusgenerator am Soundeingang angeschlossen. Der Eingangs-Spannungsteiler hatte 10 k und 10 k. Gemessen wurde direkt am invertierten Komparatoreingang und am Ausgang. Das erste Oszillogramm zeigt noch eine korrekte Funktion. Allerdings sieht man, dass der Sinus unten etwas begrenzt wird.

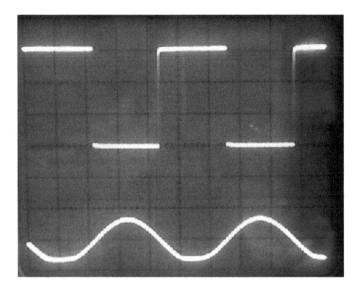

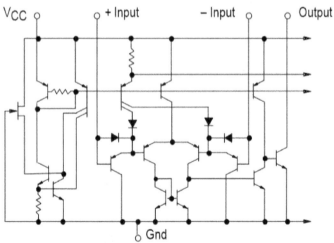

Ein Blick ins Datenblatt erklärt das Messergebnis. Die Basis-Kollektor-
Diode des PNP-Eingangstransistors beginnt zu leiten, wenn man am
Eingang tiefer als -0,5 V geht. Tatsächlich gibt das Datenblatt einen
Common Mode Bereich von 0 V bis 1,5 V bei 5 V Betriebsspannung an.
Unter Null ist nicht vorgesehen, funktioniert aber in Maßen trotzdem.

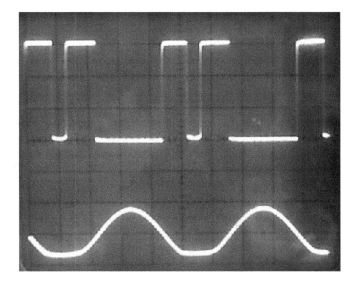

Und es kommt noch schlimmer. Wenn man sehr stark in den negativen Bereich geht und einen Strom von mehr als ca. 10 µA durch die Basis-Kollektor-Diode schickt, kehrt sich die Funktion des Komparators um! Dann arbeitet der PNP-Transistor nämlich invers, d.h. mit vertauschtem Emitter und Kollektor bei geringerer Stromverstärkung. Nun entstehen auch für die negative Halbwelle Low-Signale.

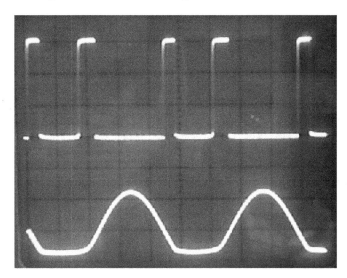

Gibt man noch mehr Gas, dann werden die falschen Impulse länger, weil der kritische Begrenzungsstrom länger überschritten wird. Jedenfalls mache solche zusätzlichen Impulse die Programmierung unmöglich. Man muss also eine Übersteuerung unbedingt vermeiden.

Ein Sparrow V1 wurde nun mit einem Vierfach-Komparator LM339 umgerüstet. Gegen die Übersteuerung sind jeweils zwei Schottkydioden antiparallel an die Eingänge gelegt. Damit wird die Eingangsspannung auf +/-0,3 V begrenzt. Allerdings gibt es auch bei zu schwacher Aussteuerung Probleme, weil die Ausgangsspannung des Komparators dann etwas flatterhaft ist. Die Lösung ist, dass Reset erst bei ausreichend großer Eingangsspannung aktiv werden sollte.

10.7 Soundinterface V3.1

Dieser Sparrow sollte gegen alle Grenzfälle immun werden und bekam daher alles was bisher entwickelt wurde. Der erste Aufbau wurde mit einem Steckboard realisiert, damit ihn jeder leicht nachbauen kann. Die Suche nach einem besseren Komparator brachte keine brauchbaren Ergebnisse. Bei Nachfolgern des LM393 ist ebenfalls keine Spannung weit unter -0,3 V erlaubt.

Deshalb wurden nun zwei Dioden-Begrenzer eingebaut. Eigentlich gehören da Schottkydioden hin, aber normale 1N4148 liegen eher in der Bastelkiste und gehen auch, wenn man zusätzliche 100-k-Widerstände zu den Eingängen vorsieht. Wer hier Schottkydioden einsetzt kann auf die 100-k-Widerstände verzichten.

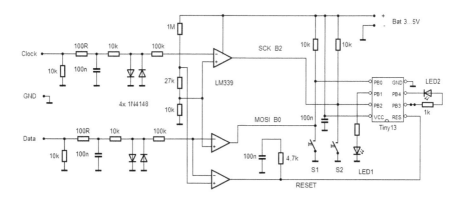

Die neue Schaltung verwendet 10-k-Ableitwiderstände am Eingang, damit eine eventuelle Gleichspannung am Soundkarten-Ausgange entladen werden kann. Es folgen die bewährten Tiefpassfilter gegen Verzerrungen, die durch übersteuerte Endverstärker in der Soundkarte entstehen können. Das gefilterte Signal wird dann auf +/-0,6 V begrenzt und gelangt über die 100-k-Widerstände an die invertierenden Komparatoreingänge. Es gibt daher auch bei extremen Signalspannungen keine Übersteuerung der

Komparatoren mehr. Weil die Schaltung keinen Eingangs-
Spannungsteiler hat, kommt sie auch mit kleinen Signalen klar. Insgesamt
können nun Signalspannungen zwischen 0,5 Vss und 5 Vss fehlerfrei
verarbeitet werden.

Die nichtinvertierenden Eingänge sind an einen Spannungsteiler gelegt, der
bei einer Betriebsspannung von 3 V etwa +30 mV für MOSI und SCK
festlegt und etwa +90 mV für Reset. Dieser Unterschied löst ein manchmal
beobachtetes Problem bei zu kleinen Eingangsspannungen
mit unzuverlässigen digitalen Signalen. Erst bei Eingangspegeln über 90 mV
gibt es ein Reset-Signal. Dann sind auch die Daten- und Clock-Signale
bereits sauber und eindeutig.

Als Faustregel kann nun gelten, dass die Lautstärke bei allen System auf 80
% eingestellt werden soll. Aber auch übersteuerte Signale oder extrem
kleine Signale können keine fatalen Fehler wie zufällige Änderungen der
Fuses mehr bewirken.

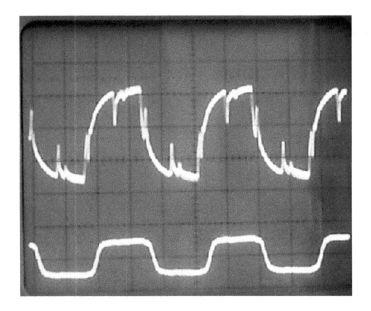

Das Oszillogramm zeigt ein stark verzerrtes Clocksignal (Nexus 7, 100 %
aufgedreht) direkt am Eingang der Schaltung und nach der Filterung und
Begrenzung. Mit diesem Ergebnis hat der Komparator keine Probleme
mehr.

Damit das ganze möglichst stabil und ohne künftige Kontaktprobleme arbeitet wurde eine zweite Version der gleichen Schaltung auf der Steckboardplatine von Modul-Bus aufgebaut. Die Hoffnung ist, dass dieses System nun an allen Soundkarten problemlos läuft.

10.8 Soundinterface V3.2

Die letzte Verbesserung bringt ein kleiner Kondensator mit 47 pF an der SCK-Leitung. Das Problem waren die besonders steilen fallenden Flanken des Komparator-Ausgangs. Durch Streukapazitäten konnten falsche Impulse von der Datenleitung auf die Cklockleitung streuen. Weil es extrem kurze Spikes waren konnten sich diese Störungen nur auswirken, wenn der Controller mit 9,6 MHz lief und fielen im Normalfall mit 1,2 MHz nicht auf. Es gab schon vorher mal Rückmeldungen ähnlicher Probleme: Wenn man die Oszi-Messspitze dranhält funktioniert es. Im Nachhinein ist klar, auch da waren schon solche Spikes die Ursache, und die Kapazität des Messkabels hat sie gedämpft.

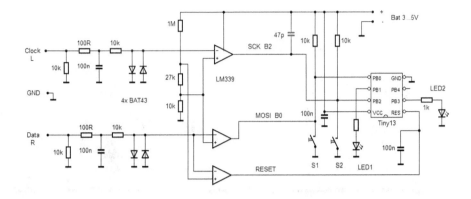

Im Laufe der Fehlersuche war zuerst die Reset-Schaltung in Verdacht geraten und wurde deshalb umgebaut. Der kurze positive Impuls nach dem ersten Reset wird nun durch Software erzeugt. Das neue Soundverfahren wurde auch im Fuse-Editor und im Hex2Wav-Konverter eingebaut und ist kompatibel zum Transistor-Sparrow.

Geändert wurde auch die Eingangsschaltung, jetzt mit Schottkydioden, wobei zwei Widerstände entfallen. Und die letzte Änderung betrifft die LED2, die jetzt ganz konventionell an Masse liegt. Damit ist B4 frei für beliebige Anwendungen.

Dann ist noch ein Software-Problem aufgefallen. Die ersten Apps bis Nr. 23 und der Fuse-Editor waren noch nach dem alten Standard programmiert. Neu ist, dass Reset am Anfang einmal kurz zurückgenommen wird und länger gehalten wird. Vor allem das letztere ist bei R2 wichtig, weil die Reset-Zeitkonstante kürzer ist. Jetzt sollen die Apps erneuert werden, auch der Fuse-Editor. Derzeit sollte man beim Testen des Sparrow R2 bevorzugt die neueren Apps nutzen.

In Bezug auf die Reset-Impulskette ist die neue Platine anspruchsvoller als die alte. Wenn z.B. durch einen Schluckauf des Betriebssystems oder eine schwache Netzverbindung kurze Aussetzer im Datenstrom passieren, geht Reset kurz hoch und unterbricht das weitere. Und das Ende muss länger als 5 ms nach der Übertragung Reset low halten, damit die letzten Daten gebrannt werden. Ein Blick mit dem Oszi auf die Reset-Leitung zeigt ob alles richtig läuft. Während der Übertragung sollte die Spannung immer deutlich unter 0,2 V bleiben.

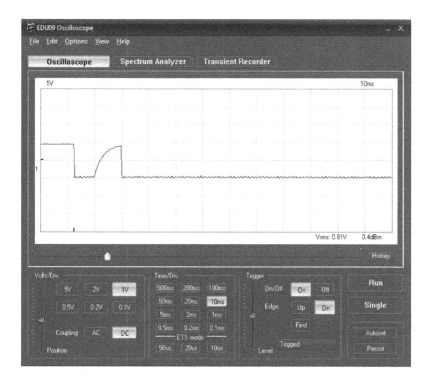

Beim Start der Übertragung wird Reset heruntergezogen und geht dann noch einmal für einige Millisekunden hoch. Diese Reset-Unterbrechung hilft dafür zu sorgen, dass beim zweiten Reset klare Zustände an MOSI und SCK herrschen. Danach aber wird Reset mit jedem Impuls an der Datenleitung wieder heruntergezogen. Man sieht ganz kleine Sägezahnimpulse bis ca. 0,1 V.

Bei einem anderen Test gab es ganz seltsame Signale. Am Ende stellte sich heraus, dass das Audiokabel defekt war, Masseleitung unterbrochen. Das war eines von den extrem dünnen Kabeln, über die man leider inzwischen häufiger stolpern kann. Das Ohmmeter bringt es an den Tag. Die Signale sahen jedenfalls so aus, Rechts minus Links:

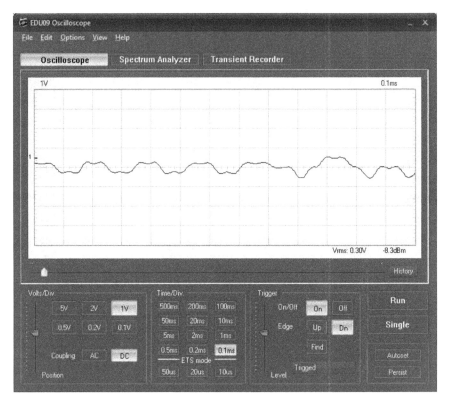

Also Kabel ausgetauscht und weiter… Einige Smartphones wollten zunächst nicht richtig funktionieren. Es zeigte sich, dass der Kopfhörerausgang einen Hochpass hat. Parallel zu Kopfhörer-Ausgang sind offensichtlich Widerstände eingebaut, die verhindern, dass es beim Anstecken des Kopfhörers laut kracht. Die Ohren sagen danke. Man kann es von außen mit dem Ohmmeter feststellen, eigentlich erstaunlich, dass das nicht allgemein Vorschrift ist. Aber die Signale am Start werden dadurch verfälscht. Das sieht dann am rechten Kanal so aus:

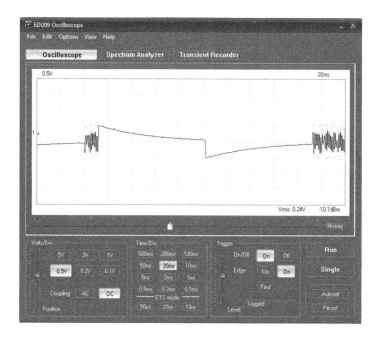

Das Soundverfahren wurde deshalb noch einmal mit dem Ziel überarbeitet, die DC-Signale am Anfang so weit wie möglich zu verkürzen. Mit Erfolg, denn die Problem-Smartphones funktionieren jetzt perfekt.

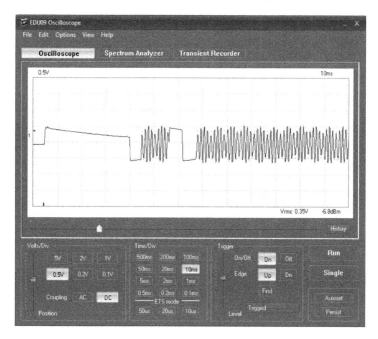

Umgekehrt gibt es aber nun mit der gesteigerten Empfindlichkeit des Sparrow R2 manchmal ein Problem bei den "normalen" Rechnern ohne Widerstände am Ausgang. Nach dem Einschalten liegt zunächst eine kleine Gleichspannung an, die sich nur langsam über 10 kΩ im Sparrow R2 abbaut. Die großen Ausgangs-Elkos mit vielleicht 1000 µF müssen erst geladen werden bis am Ausgang keine Gleichspannung mehr liegt. Man muss eventuell erst eine Minute warten, bis alles korrekt funktioniert. Beobachtet wurde auch, dass ein eingeschalter Sparrow für einige Zeit in den Reset-Zustand geht, wenn ein angeschlossener PC angeschaltet wird. Letzte Messungen zeigen: Die Widerstände am Sound-Ausgang sind nicht so selten wie gedacht. Am Nexus 7 fanden sich 600 Ohm an beiden Seiten.

10.9 Der Sparrow R2

Die endgültige Schaltung wurde noch einmal leicht verbessert. Es gibt jetzt zwei Entstörkondensatoren an B0 und B2. Die neue Platine wurde bestellt und natürlich sofort aufgebaut. Der erste Test war erfolgreich. Am Spannungsteiler wurde noch eine Feinabstimmung getestet. Mit R8 = 10 kΩ statt 27 kΩ steigt die Empfindlichkeit, was bisher noch keinen Nachteil gezeigt hat.

Achtung, R und L haben die Plätze getauscht. Das Kabel muss gegenüber der ersten Version nun anders herum aufgesteckt werden. Außerdem gibt es jetzt zwei Anschlüsse für die Betriebsspannung. Der Anschluss "V" versorgt den Controller (Vcc). Der Anschluss "+" versorgt das Programmier-Interface und den LM339 (Vcc2). Damit hat man die Möglichkeit, den Controller allein sehr stromsparend zu betreiben. Ein Programmierstecker würde dagegen Vcc und Vcc2 verbinden und damit beide Teile versorgen. Ein weiterer Vorteil dieser Trennung besteht darin, dass ein versehentliches Ansprechen der Schnittstelle ohne VCC2 leicht verhindert werden kann.

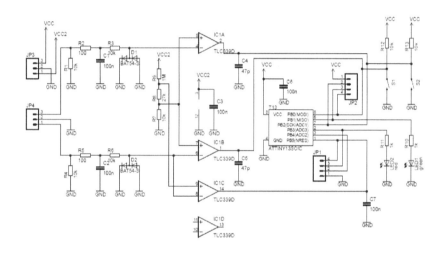

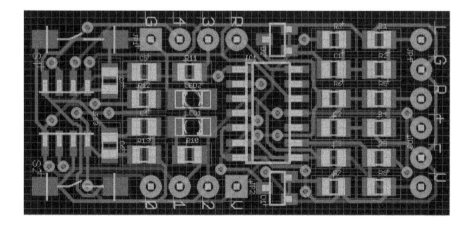

Dann war es soweit! Der Sparrow ging in die Produktion. Wir hatten lange gezögert um die letzten Testergebnisse abzuwarten, glaubten aber nun, es wagen zu können. Die erste Serie von 100 Stück sollte gefertigt werden. Und zwar nicht mehr per Hand mit dem Lötkolben, sondern ganz professionell mit der Hilfe einer SMD-Bestückungsfirma. Spannend ist es auf jeden Fall, denn ein eventueller Fehler wäre gravierender als in den beiden Vorserien.

Wir haben uns für die Firma ESO Electronic http://www.eso-electronic.com/ entschieden, weil sie nicht nur auf Großprojekte spezialisiert ist sondern auch kleine Serien preiswert fertigen kann. Man wird dort gut beraten, gerade wenn es um die typischen Startschwierigkeiten eines solchen Projekts geht. Ein Besuch der Seite lohnt sich in jedem Fall. Dort findet man ein Video aus der SMD-Produktion und wertvolle Hinweise für die Vorbereitung: Design-Checkliste für die Elektronikfertigung und Designregeln für die günstige Leiterplattenfertigung.

Unsere Arbeitsschritte:
- Letzte Änderung im Schaltbild festklopfen (R8 = 10 kΩ nicht vergessen!)
- Leiterbahndicke, Bohrdurchmesser usw. überprüfen
- Gerber-Dateien und Stücklisten erstellen
- Daten an ESO Electronic senden und überprüfen lassen
- Bestellen und geduldig abwarten

Eine Rückmeldung von ESO Electronic: Die meisten Bauteile hatten wir an Lager, die fehlenden Bauteile haben wir bestellt. Die Leiterplatte trifft am 30.01.15. bei uns ein. Bitte senden Sie mir noch eine Grafik in der Sie Pin 1 der ICs mit einem gelben Punkt markieren. Das ist enorm wichtig, da wir uns nicht immer auf die Angaben im Programmexport verlassen können.

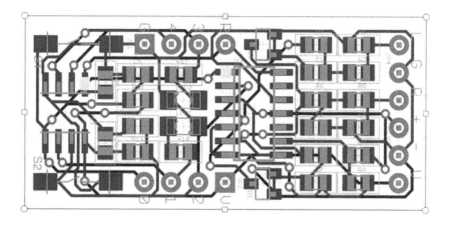

Herr Ottenbreit von ESO-Electronic hat freundlicherweise Fotos von der Produktion gemacht, auf denen man sehr schön die einzelnen Fertigungsschritte erkennen kann. Hier eine Auswahl, weitere Fotos findet man auf der Projektseite: **www.eso-electronic.com/news/artikel/projekt-fuer-die-maker-szene-cheepit-sparrow/**

Die leeren Platinen

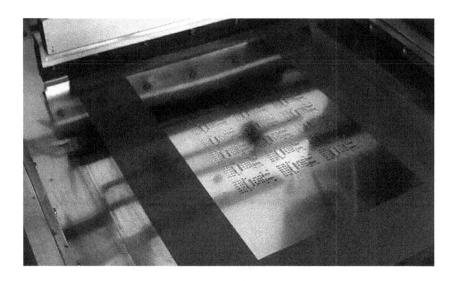

Lötpastenschablone

Lötpaste aufgetragen

Bauteile bestückt ...

... und gelötet

Nur einen Tag nach der Produktion hat der Postbote die Platinen gebracht. Sie sehen richtig gut aus, so perfekt kann man per Hand nicht löten. Ein erster Vergleich mit den Vormustern zeigte keinen Unterschied in den Bauteilen. Und dann sofort der erste Test: Alles funktioniert perfekt, große Erleichterung!